SANTA MÔNICA
Modelo de vida familiar

Luz do mundo

- *Antonio: palavras de fogo, vida de luz* – Madeline Pecora Nugent
- *Charles de Foucauld: o irmãozinho de Jesus* – Jean-François Six
- *Francisco de Paula Victor: apóstolo da Caridade* – Gaetano Passarelli
- *Irmã Dulce: o anjo bom da Bahia* – Gaetano Passarelli
- *Irmão Roger de Taizé: uma esperança viva* – Christian Feldmann
- *João Leão Dehon: o profeta do verbo ir* – Pe. Zezinho
- *João Paulo II: um Papa que não morre* – Gian Franco Svidercoschi
- *Lindalva Justo de Oliveira: a bem-aventurada filha da caridade* – Gaetano Passarelli
- *Nhá Chica, perfume de rosa: vida de Francisca de Paula de Jesus* – Gaetano Passarelli
- *Palavras-chave de João Paulo II* – Renzo Agasso e Renato Boccardo
- *Paulo: apóstolo dos gentios* – Rinaldo Fabris
- *Rita de Cássia: a santa dos casos impossíveis: uma história de amor e ódio, de vingança e perdão* – Franco Cuomo
- *Santa Mônica: modelo de vida familiar* – Giovanni Falbo
- *Santo Agostinho: a aventura da graça e da caridade* – Giuliano Vigini
- *São Martinho de Lima* – Giuliana Cavallini
- *Teresa de Ávila: mística e andarilha de Deus* – Bernard Sesé
- *Teresa de Calcutá: uma mística entre o Oriente e o Ocidente* – Gloria Germani

Giovanni Falbo

SANTA MÔNICA

Modelo de vida familiar

Dados Internacionais de Catalogação na Publicação (CIP)
(Câmara Brasileira do Livro, SP, Brasil)

Falbo, Giovanni
  Santa Mônica : modelo de vida familiar / Giovanni Falbo; [tradução Joana da Cruz]. – 3. ed. – São Paulo : Paulinas, 2011. – (Coleção luz do mundo)

  Título original : Santa Monica : modelo de vida familiar
  ISBN 88-215-4857-0 (Ed. original)
  ISBN 978-85-356-2954-5

  1. Mônica, Santa, 331-387   2. Santos cristãos – Biografia
  3. Vida familiar   I. Título.   II. Série.

  11-12536   CDD-282.092

Índice para catálogo sistemático:
  1. Santos : Igreja Católica : Biografia   282.092

Título original: *Santa Monica*
© *Edizioni San Paolo s.r.l.* – *Cinisello Balsamo (MI), 2003.*

Direção-geral: Flávia Reginatto
Editora responsável: Luzia M. de Oliveira Sena
Assistente de edição: Andréia Schweitzer
Tradução: Irmã Joana da Cruz, ocd.
Copidesque: Cirano Dias Pelin
Coordenação de revisão: Marina Mendonça
Revisão: Sandra Sinzato
Direção de arte: Irma Cipriani
Gerente de produção: Felício Calegaro Neto
Capa e editoração eletrônica: Wilson Teodoro Garcia

3ª edição – 2011
7ª reimpressão – 2023

Nenhuma parte desta obra poderá ser reproduzida ou transmitida por qualquer forma e/ou quaisquer meios (eletrônico ou mecânico, incluindo fotocópia e gravação) ou arquivada em qualquer sistema de banco de dados sem permissão escrita da Editora. Direitos reservados.

Cadastre-se e receba nossas informações
www.paulinas.com.br
Telemarketing e SAC: 0800-7010081

Paulinas
Rua Dona Inácia Uchoa, 62
04110-020 – São Paulo – SP (Brasil)
📞 (11) 2125-3500
✉ editora@paulinas.com.br
© Pia Sociedade Filhas de São Paulo – São Paulo, 2009

PREFÁCIO

Esta biografia de Santa Mônica surgiu no mês de dezembro de 1980. Naquela época eu levara avante uma pesquisa sobre a santa e sobre a vida cotidiana dos cristãos do século IV na África. Tinha me esforçado, contudo, para narrar a vida de Mônica de uma maneira simples e linear. Tal escolha agradou o público, de forma que a obra se esgotou rapidamente e, durante vários anos, recebi pedidos de uma nova edição.

Por causa dos compromissos pastorais, por muito tempo não estive em condições de ir ao encontro dessas solicitações. Mas o interesse de alguns amigos levou-me a decidir-me e a realizar a indispensável revisão da obra.

Nesses anos não tive notícias de novos contributos historiográficos e hagiográficos importantes referentes à figura de Santa Mônica, razão pela qual o arcabouço da obra conserva sua estrutura primitiva. Mas no seu interior realizei um apurado trabalho de revisão, correção, atualização e ampliação.

Quis, por fim, acrescentar um capítulo conclusivo sobre Santa Mônica como modelo de vida familiar. Nestes anos difíceis para a família, pareceu-me útil propor um modelo antigo que, na época de Santa Mônica, encontrou-se enfrentando algumas dificuldades que são também as de hoje.

Espero que a obra alcance um grande número de leitores, para que possam encontrar na vida de Santa Mônica, tão próxima também dos problemas de hoje das famílias, um exemplo, uma aprendizagem e um conforto.

GIOVANNI FALBO

INTRODUÇÃO

Há tempos andava contemplando o propósito de escrever sobre a vida de Santa Mônica e consultando nos escritos de Santo Agostinho o material histórico e literário para compô-la, enquadrando-a no ambiente e na cultura do tempo — o século IV —, que constitui o tema preferido dos meus estudos. Tal desejo foi-se reforçando pelos contínuos pedidos dos fiéis que queriam saber mais sobre a vida da santa. Nas minhas pesquisas sobre as biografias existentes, encontrei lacunas e, às vezes, inexatidões que procurei preencher, embora dando-me conta de que se tratava de algo por demais ambicioso e de que também eu incorreria em inevitáveis falhas.

As fontes da vida de Santa Mônica, temo-las, substancialmente, nas obras de Santo Agostinho, especialmente nas *Confissões*, nas quais, até o livro nono, e sobretudo nele, a sua vida se confunde com a da mãe. Nos diálogos de Cassicíaco, em especial no *De beata vita* e no *De ordine*, encontramos Santa Mônica como interlocutora e, através de suas respostas, delineia-se o seu caráter. Encontram-se alusões em muitas outras obras de Agostinho, que citaremos no momento oportuno. Diante dos textos agostinianos, sentimo-nos, sem dúvida, acanhados; sentimos um temor reverencial diante do grande pensador e do grande artista.

Por isso, muitos, não querendo perder e adulterar as próprias palavras de Agostinho, compuseram breves biografias de Santa Mônica obtendo-as a partir da justaposição de vários trechos. Disso resulta uma espécie de precioso colar feito de muitas pérolas. Assim já fizera o padre N. Concetti com o seu pequeno volume *Volgarizzazione della vita di S. Monica scritta da S. Agostino* (Roma, 1919). Assim, em tempos mais próximos de nós, o padre A. Eramo, agostiniano, recolheu no livrinho *Mia madre Monica* (Roma, Edizioni Gioia, 1974), os trechos mais importantes das obras de Santo Agostinho que dizem respeito à mãe.

Assim, sobretudo, com a sua bem conhecida competência, fez o padre A. Trapè com o volume *Sant'Agostino: mia madre* (Milano, Edizioni Àncora, 1975), no qual antepõe à abundante escolha de textos agostinianos uma ampla introdução com o esboço de uma vida de Santa Mônica preciso e documentado.

Embora apreciando muito essas obras, percebi a necessidade de uma verdadeira biografia, de certa amplitude. Qualquer biografia é escrita a partir das fontes, mas não basta um elenco, por mais completo que seja, das próprias fontes.

Uma biografia muito ampla foi a escrita no século XIX pelo bispo francês dom E. H. Bougaud, *Histoire de sainte Monique* (Paris, 1865), que teve diversas edições e traduções. A tradução italiana mais recente é a de 1931 (publicada pela Editora Marietti, de Torino), que é uma reprodução das edições precedentes. Essa biografia parte dos textos agostinianos, sobre os quais o ilustre autor mostra ter-se apoiado bastante, mas, no meu parecer, apresenta diversos defeitos que a impossibilitam de ser proposta, tal como é escrita, ao leitor de nossos dias. Bougaud é um hagiógrafo admirado, mas o período em que é especialista é o século XVII (e o demonstrou com a vida de São Francisco de Sales).

Ao contrário, para o período no qual viveu Santa Mônica, o século IV, manifesta diversas lacunas que aparecem claramente nas inexatidões históricas em que incorre quando, desprendendo-se dos textos agostinianos, quer oferecer algum *excursus* para ambientar melhor os fatos: muitas datas e muitas aproximações não são exatas. Além disso, junto com os textos agostinianos, aceita sem nenhum exame crítico as tradições contidas nos breviários dos Eremitas de Santo Agostinho, razão pela qual o leitor inexperiente não percebe a diferença entre aquilo que é verdadeiramente histórico e aquilo que é lendário.

Outra observação é que, sendo o material bem limitado de fontes, para transformá-lo numa obra assim volumosa Bougaud se torna muitas vezes prolixo, e a leitura da obra se arrasta pesadamente, quase que arquejando, em anotações de nenhum valor, repetições ou suposições fantásticas.

Ainda em língua francesa, temos a biografia de L. A. Delastre, *Sainte Monique* (Lion, 1960).

Em italiano, temos a escrita por Maria Giovanna Dore, *Monica, la mamma che salva* (Brescia, s.d.), e a de Armando Gualandi, *La mamma di Sant'Agostino* (Bari, 1960), as quais, porém, não têm muitas pretensões científicas.

Esta nova biografia de Santa Mônica se propõe a dar um quadro exaustivo, ainda que sintético, de sua vida, partindo, como é lógico, dos textos de Santo Agostinho, enquadrando-os no ambiente histórico e procurando ressaltar ao vivo as qualidades humanas e cristãs da santa.

Faço votos de que a leitura destas páginas possa ser um estímulo à imitação e seja útil aos leitores.

Capítulo 1

TAGASTE, NA NUMÍDIA

Santa Mônica[1] nasceu em Tagaste, na Numídia, em 331.[2] A Numídia corresponde à parte oriental da atual Argélia, terra quente que torna ardorosa a alma de seus habitantes. Dos tempos de escola, todos recordamos a veemência dos púnicos na luta contra Roma, que, por fim, os submete ao seu Império, mas não consegue mudar a sua concepção de vida, nem absorvê-los completamente em sua civilização. Mônica pertencia àquela raça númida, voluntariosa e obstinada, que com Jugurta se opôs aos romanos e destruiu a resistência de generais como Albino, Metelo e o famoso Mário.

No tempo de Santa Mônica, já se tinham passado séculos desde esses acontecimentos. O Império Romano introduzira por toda parte os seus costumes, suas leis, sua língua e, contudo, não diminuíra entre os númidas a consciência de constituírem um povo. O historiador Procópio,[3] que escreve no século VI, deixa entrever que, no seu tempo,

---

[1] A escrita exata, segundo os antigos manuscritos, seria "Monnica", e depois o padre Casamassa (cf. *Enciclopedia italiana*. 1929. v. I, p. 913) e também Papini seguem esta forma. É provável que o nome derive do púnico "Monna", ou do latim "monna", que significa "mãe" ou "esposa", imitando o modo de falar das crianças (cf. EGGER, C. *Lexicon nominum virorum et mulierum*. 2. ed. Roma: Studium, 1963. pp. 170-171).

[2] Mônica tinha 56 anos quando morreu e era o ano 387. Então, nasceu em 331 ou, no mais tardar, nos primeiros meses de 332. Cf. *Conf.* IX, 11, 28.

[3] *De bello Vandalico* II, 10, 20.

o púnico ainda era falado por parte das populações da faixa norte-ocidental da África. A cultura romana foi enriquecida através da contribuição do espírito africano. Recordemos Terêncio, que nasceu em Cartago, e Apuleio, o autor do *Asno de ouro*, que era de Madaura, a pequena cidade próxima a Tagaste, para onde Mônica enviou Agostinho a fim de fazer os estudos de segundo grau.

Sobretudo, interessam-nos os ascendentes cristãos que fizeram da Numídia uma terra de santos e prepararam o florescer de Mônica num ambiente que tinha visto o ardor daquelas primeiras gerações cristãs da África que, com o seu sangue derramado nas perseguições, lançaram e irrigaram a semente do cristianismo. Um dos documentos mais dignos de fé referente aos mártires dos primeiros séculos são as atas proconsulares dos mártires númidas, originários da pequena cidade de Escília. Esses, três homens (Esperato, Narzal e Citino) e três mulheres (Donata, Segunda e Vestina), foram entregues ao procônsul Vigélio Saturnino, que residia em Cartago.

Um particular interessante do interrogatório que lhes foi proposto diz respeito ao tesouro que zelosamente custodiavam: num cofre guardavam rolos que continham livros do Novo Testamento que são sumariamente indicados e dos quais se pode deduzir um primeiro esboço de cânone, antes ainda do assim chamado *Fragmento muratoriano*, o qual é alguns anos mais recente. Esses mártires revelam o espírito númida, na simplicidade unida à indômita determinação. Depois de terem corajosamente professado sua fé e de recusarem-se a fazer sacrifícios aos deuses, foram decapitados. Era o dia 17 de julho de 180.

Não temos notícias seguras com relação à Igreja da província proconsular africana antes dessa data,[4] a não ser o testemunho arqueológico das catacumbas de Adrumeto, capital da Bizacena [atual Tunísia]. Nos mártires escilianos veneramos, então, os primórdios e as raízes da exuberante árvore que deu tantos frutos de santidade na África. No tempo de Cômodo (180-192), foram inscritos outros mártires dos quais fala o mestre de retórica pagão Máximo de Madaura na sua correspondência com Santo Agostinho.

São mártires que trazem um nome púnico: Miggin, Saname, Nemphamo e Lucitas, mas a respeito deles não sabemos mais do que a admiração expressa pelo orador, que não conseguia compreender como se podia renunciar às divindades gregas, tão evidentes e celebradas, em nome de um personagem que concluíra sua vida sobre um ignominioso instrumento de morte como a cruz.

Pelo fim do século II surge nessas terras o gênio de Tertuliano, que, pela primeira vez, exprime com a língua romana — a ponto de ser considerado o fundador do latim eclesiástico —, a profundidade e as exigências da mensagem de Cristo. Mas nele não podemos deixar de ressaltar também o fogoso temperamento africano nas invectivas e na capacidade de colocar na forca o adversário com uma

---

[4] Os chamados mártires de Madaura, considerados em épocas passadas anteriores aos mártires escilianos, constituem, com toda probabilidade, um erro histórico. São fanáticos da seita donatista, mais conhecidos com o nome de "circunceliões". Cf. BAXTER, J. The martyrs of Madaura a.D. 180. *Journal of Theological Studies* XXIV (1924) 21-37.

dialética comparável a um rio transbordante. Depois dele, a África pode vangloriar-se do grande São Cipriano, orador convertido que, ordenado bispo de Cartago por volta da metade do século II, domina a cena da Igreja não só africana, mas também universal, com o seu governo pastoral, suas cartas e seus tratados que ilustram os anos gloriosos da perseguição de Décio (250-251) e de Valeriano (257-258), na qual ele mesmo chega ao supremo testemunho de sangue em nome de Cristo.

Esses nomes famosos são como que a ponta de um iceberg e não devem fazer-nos esquecer das massas anônimas de cristãos heróicos que estão atrás deles. Tertuliano, de fato, fala de "milhares de cristãos que se expuseram aos golpes da perseguição" no tempo de Setímio Severo (202-203). Desta perseguição temos as atas autênticas do martírio de Perpétua e Felicidade, redigidas, talvez, pelo próprio Tertuliano, que, com entusiasmo incisivo, podia exclamar na *Apologética:* "Somos de ontem e já preenchemos conosco o mundo inteiro e todas as vossas cidades, as ilhas, as fortalezas, as vilas, os burgos, os próprios acampamentos, as tribos, as decúrias, a corte, o senado, o fórum".[5]

Numa palavra: em todas as classes sociais, o cristianismo tinha lançado suas raízes. Também a hierarquia eclesiástica africana estava solidamente estabelecida, tal como testemunha o primeiro Concílio de Cartago, realizado pouco depois do ano 200 e que reuniu sob a presidência de Agripino setenta bispos da África proconsular e da Numídia.[6] Cerca de trinta anos depois, o concílio presidido por Donato reuniu

---

[5] TERTULIANO. *Apologeticum,* 37. Trad. it. di Igino Giordani. Roma: Città Nuova, 1967.
[6] Cf. CIPRIANO. *Epistola* LXXI, 4. Id. *Epistola* LXXIII, 3.

noventa bispos, e o que foi presidido por Cipriano em 256 contava igualmente com outros tantos, dos quais muitos da Numídia e da Mauritânia.

Também por conta do grande número de apóstatas na perseguição de Décio e dos mártires da perseguição de Valeriano podemos deduzir a notável difusão do cristianismo na África no século que precedeu ao de Mônica.

Meio século mais tarde, depois do longo período de paz em que a Igreja africana fez ulteriores progressos, vemos surgir outros ardentes apologistas da fé cristã, todos convertidos do paganismo: Arnóbio, nascido em Sica, na Numídia, que, depois de um sonho, passou de perseguidor a defensor do cristianismo, com uma apologia em sete livros contra os pagãos, e Lactâncio, discípulo de Arnóbio, o qual, depois de ter escrito obras sobre a criação e sobre as divinas instituições, chega ao máximo de suas possibilidades estilísticas e dialéticas com o livros *Sobre a morte dos perseguidores*.

A paz constantiniana, depois da última cruenta perseguição que por oito longos anos — de 303 a 311 — fizera numerosos mártires por todo o Império, foi para a África somente uma paz civil, dado que, justamente nos anos da perseguição, começou a germinar o pernicioso cisma donatista, o qual, por mais de um século, manteve a cristandade africana dividida. No fundo, tratava-se de motivos de ambição e de hostilidade pessoal com relação ao primaz de Cartago, Mensúrio. Depois, vieram os motivos doutrinais: refutou-se a ordenação do seu sucessor, Ceciliano, com o pretexto de que os bispos consagrantes eram indignos. Os fautores do cisma elegeram o bispo Majorino e depuseram Ceciliano. Mas, sem demora, torna-se chefe da seita Donato, de Casae Nigrae, na Numídia, cidade da qual também se torna bispo.

Então, uma heresia eclesiológica está na base do donatismo: a concepção de que os sacramentos são válidos unicamente se o ministro que os confere é santo. É evidente que, se isso fosse verdade, nunca poderíamos saber se os sacramentos que recebemos foram eficazes, uma vez que, não existindo mais a certeza de um verdadeiro Batismo, de uma verdadeira Crisma, de uma verdadeira ordenação diaconal, presbiteral ou episcopal, os fundamentos da própria Igreja ficam abalados. É apenas Santo Agostinho, um século mais tarde, que dará o golpe de misericórdia nessa heresia. Ele dedicou os primeiros 15 anos do seu ministério episcopal a escrever diversas obras sobre o tema, para explicar que o ministro dos sacramentos é apenas um instrumento, mas quem age neles é o próprio Cristo, com o poder da sua morte e ressurreição. A conclusão está no *slogan* lapidar: "Mesmo que Judas batize — referindo-se ao ministro mais indigno —, é Cristo que batiza!".

O donatismo, contudo, logo reuniu muitos adeptos, sobretudo na Numídia. Na questão, intervieram muitos sínodos e também o imperador Constantino, que, sendo ignorante em teologia, tal como fará mais tarde com a heresia ariana, assumiu um comportamento contraditório, ditado apenas pelas circunstâncias, emitindo condenações após editos de tolerância.

Excetuando-se uma pequena colônia em Roma, o donatismo nunca se difundiu para fora da África. Mas, na terra de origem, graças à personalidade e ao gênio organizativo de Donato, prosperou enormemente. Ele unia à intransigência na luta contra os inimigos a acomodação diplomática para com os potenciais adeptos da seita. Assim, contradizendo a doutrina fundamental do donatismo sobre a nulidade dos sacramentos católicos, permitia o não-rebatizar nos casos em que isso teria constituído uma particular dificuldade e, assim, embora tendo uma concepção ortodoxa da Trindade, começou a explicar a teoria da subordinação das Pessoas divinas para pactuar com os arianos, condenados em Niceia no ano de 325, e atraí-los para o seu lado.

Quando Mônica nascia, em 331, a Numídia era fustigada por essas lutas religiosas, mas seus pais deram-lhe uma educação católica. Na verdade, a cidadezinha de Tagaste era relativamente tranquila, pois um tanto isolada e, portanto, afastada das discussões teológicas. Mas pelos caminhos de comunicação chegava-se aos grandes centros, nos quais as lutas eram mais intensas: ao sul, Madaura; e mais ainda, passando por Sicca Veneria, ao norte, onde estava a capital, Cartago. Hoje, sobre as colinas onde se erguia Tagaste, encontra-se a pequena cidade de Souk-Arras, no território da atual Argélia, mas na fronteira com a Tunísia. A identificação foi demonstrada por algumas inscrições achadas no século XIX pelo capitão J. Leuval.

A região era, então, muito fértil. O clima mediterrâneo fazia prosperar por ali extensos vinhedos e olivais. Também as colheitas de trigo eram abundantes. Tagaste, certamente, não era a mais importante entre as cidades que a circundavam e que traziam nos monumentos e nas ruínas os sinais da civilização romana. Se não tivesse dado o nascimento a Mônica e Agostinho, teria sido praticamente esquecida pelas gerações futuras. Suas origens remontam aos primeiros anos da era cristã. Roma tinha imprimido aí o seu gênio nas construções, tinha feito dela um verdadeiro município romano e outorgara ao Conselho Municipal o título de "Ilustríssimo".

17

Sobre essa base de romanidade, que, na sua sábia e proverbial tolerância, acolhia as características das populações locais, a pregação do Evangelho difundira na cidade os valores cristãos da fraternidade e do amor pelos últimos, os quais a concepção pagã da vida tendia, pelo contrário, a colocar de lado.

Sobre o temperamento de Mônica influíram, sem dúvida, todos os elementos que caracterizavam sua terra natal: assumiu a tenacidade dos antepassados púnicos, o equilíbrio e a operosidade dos romanos, a doçura e o espírito da caridade dos cristãos.

Capítulo 2

A MENINA VIRTUOSA

Não sabemos o nome dos pais de Mônica. A tradição agrupada nos breviários das ordens agostinianas chama a mãe de Faconda, mas tal nome não se encontra nas obras de Agostinho. No entanto, sabemos que eram católicos praticantes. Certamente estavam entre aqueles que resistiram ao cisma donatista, que, de qualquer forma, não tinha assolado Tagaste excessivamente. O Senhor tinha grandes projetos para Mônica e a cumulou com seus dons.

> Não foi ela quem se fez ou educou a si própria. O Senhor a criara, e nem o pai ou a mãe podiam prever que tipo de filha geraram. Foi o bordão de Cristo que a educou no temor de Deus e, também, uma regra de vida cristã no seio de uma família que vivia na fé e que se sobressaía entre os membros da Igreja.[1]

Com essas palavras Agostinho louva seus avós, os pais de Mônica, que ofereceram à menina que crescia um ambiente familiar adequado ao desenvolvimento das virtudes cristãs. Na verdade os pais são instrumentos de Deus e, embora a sua obra educativa tenha uma notável influência sobre os filhos, nem sempre são gratificados com frutos satisfatórios, pois sobre o seu sucesso influem muitos outros fatores. O primeiro entre todos é o temperamento e o dado fundamental da liberdade que conduz a escolhas que não

---

[1] *Conf.* IX, 8, 17.

se podem prever; depois, o ambiente e as amizades que se frequentam.

Contudo, no caso de Mônica, a sua ótima índole e a sua correspondência à graça do Senhor produziram frutos maravilhosos. As expressões "bordão de Cristo", "temor de Deus", "regra de vida cristã", deixam entrever uma educação muito rígida e exigente, que em Mônica, porém, não produziu rejeição, como às vezes acontece quando se cai nos excessos do rigorismo e quando os educadores são autoritários, mas não têm autoridade e coerência com aquilo que exigem dos outros. Os pais de Mônica viviam na fé e eram os primeiros a dar à filha o exemplo daquilo que ensinavam. Distinguindo-se pela sua vida e empenho no interior da comunidade cristã, inculcaram em Mônica, desde a mais tenra infância, o sentido da Igreja e a alegria de viver nela como uma filha.

Quanto ao nível social, a casa deles não era riquíssima, mas conservava os sinais de uma antiga nobreza, então decaída, nos modos senhoris e na criadagem que permanecia fiel.

Nas famílias nobres, não raro, acontece encontrar criados que cresceram na casa. Esses seguem a tradição, são escrupulosamente fiéis ao dever, sérios, dedicados ao máximo a seus patrões, respeitam-nos e são por eles respeitados, gozando de estima incondicional e vendo-se encarregados das tarefas mais delicadas e de maior confiança. Também na casa dos pais de Mônica havia uma velha criada, que crescera na família dos antepassados paternos. Fora a nutriz do pai e, agora, em idade avançada, tinha sob seus cuidados Mônica e as outras irmãs — cujo número e nome não sabemos — para que as educasse segundo as mais rígidas tradições. Gozava da plena confiança dos patrões, fosse por sua idade, fosse, sobretudo, por causa dos seus costumes muito íntegros.

Severa consigo mesma, também o era com as meninas a ela confiadas, chegando mesmo ao pedantismo. Mas fazia tudo com a santa intenção de educá-las na virtude e no autodomínio. Por isso formava-as na prática dos sacrifícios, especialmente com relação à gula, já que, em outros aspectos, a vida delas era bastante regulada. Não permitia que comessem nada fora das refeições que tomavam com seus pais, e também essas eram muito frugais. Naquelas regiões quentes e ensolaradas não era, certamente, coisa de desprezar a mortificação de abster-se também de beber durante o dia e, no entanto, a severa educadora o impunha às suas meninas.

Não falemos, pois, do vinho, que era absolutamente proibido: "Somente quando vos casardes" — dizia a elas — "e vos tornardes as donas das despensas e das adegas, a água se aviltará aos vossos olhos e tereis o costume de beber do vinho". Podem parecer coisas pequenas e severidades inúteis, mas toda educação que tende a formar personalidades fortes e virtuosas não pode prescindir do sacrifício, que nunca é um fim em si mesmo, mas adestramento da vontade para estar em condições de enfrentar qualquer situação na vida.

Essa educação tornará Mônica forte e impávida na luta e na superação das múltiplas dificuldades de sua existência.

Mas, se de um lado a velha criada corrigia com determinação qualquer falta das meninas, de outro era muito sábia, amável e prudente nos ensinamentos e conselhos. Era uma cristã fervorosa e infundia em Mônica e nas irmãs a visão cristã da vida, as orações e os costumes da comunidade cristã, o amor aos pobres. São lendários os dados dos breviários agostinianos a propósito das orações noturnas de Mônica, de suas fugas de casa para ir à igreja, do privar-se da comida para dá-la aos pobres. Mas, sem dúvida, é verdade que, dado à sua natural boa índole, à obra da graça e à rígida educação, a menina caminhava rapidamente pelas sendas da virtude desde pequena.

A sua delicadeza de consciência — como será também a de Agostinho — era tal que, na idade madura, contava ao filho as lembranças de coisas que nos fazem sorrir com benevolência, mas que para ela eram culpas vergonhosas: tinha recebido dos pais o encargo de tirar o vinho do tonel na adega e levá-lo à mesa, e tinham-lhe dado essa incumbência justamente porque a consideravam uma menina sóbria e virtuosa. Mas... naquela idade, o fruto proibido exerce um fascínio todo particular. Por que não poderia também ela dizer que bebera vinho? Era algo reservado aos adultos e, justamente por isso, as crianças, que têm o costume de imitar os adultos para sentir-se também elas grandes, querem experimentar o que não lhes é permitido, não tanto pela coisa em si, que às vezes é até ruim, mas para saborear a embriaguez do fruto proibido. Também Mônica, embora virtuosa, era uma criança e não soube resistir à tentação de provar o sabor do vinho. E, assim, começou apenas a roçar com os lábios o frasco. Depois, um pouco de cada vez, a beber um gole a mais até que chegou a beber quase que um copo cheio. Tratava-se, é lógico, de uma travessura, mas com frequência os maus hábitos começam nas pequenas coisas.

O Senhor, que velava por sua serva, dispôs as circunstâncias de modo que Mônica se corrigisse também desse pequeno defeito, que em si tinha pouco de mal, mas denotava desobediência e deslealdade. De fato, fazia isso escondido de sua instrutora, que o havia severamente proibido. A única testemunha era outra empregada, que a acompanhava até a adega. Certa vez, tiveram uma discussão cujo motivo não sabemos. Como acontece nessas ocasiões, uma palavra puxa a outra e, perdendo o controle sobre nós mesmos, acabamos por falar, exagerando, o pior possível a respeito da outra pessoa. A serva, certamente, não tinha mais nada a reprovar em Mônica e lançou-lhe em rosto o epíteto de *meribibula*, isto é, "bebedora de vinho".

Objetivamente, não se podia chamar de beberrona uma menina que tomava — e talvez nem isso — um copo de vinho ao dia, mas Mônica acatou a reprimenda e imediatamente sentiu vergonha de si mesma. Tamanha foi a humilhação que decidiu acabar imediatamente com aquele mau hábito. Dessa maneira, também o pequeno defeito, por desígnio providencial de Deus, que se serviu do litígio com a empregada, como diz Agostinho,[2] desapareceu da vida de Mônica. Tornou-se, assim, uma menina irrepreensível, sóbria, pudica, obediente, doce, cheia de atenções e cuidados para com todos. O seu caráter ia-se formando por obra da graça de Deus, da sábia e severa educação e, sobretudo, pelo empenho que colocava em tirar proveito daquilo que os pais e os educadores lhe diziam.

Em particular, salta aos nossos olhos o seu espírito nobre e desejoso de perfeição, unido a uma vontade tenaz, para a qual nada é impossível. A firmeza, o brio e a determinação não devem, porém, ser confundidos com o orgulho. Mônica reconhece seus defeitos e se empenha em corrigi-los, mas não busca desculpas de conveniência para velar a verdade. A humildade autêntica é a verdade, e a verdade mais radical é que tudo quanto é positivo vem de Deus e não é mérito nosso. Tal consciência não permitia que Mônica perdesse o ânimo, mas, em especial nos difíceis anos da puberdade e da adolescência, fazia-a reconhecer que podia contar com o

---

[2] *Conf.* IX, 8, 18.

auxílio de Deus para superar qualquer obstáculo. Ninguém nasce santo, tampouco Mônica nasceu santa. A sua santidade, desde os primeiros anos da infância, é fruto de um trabalho contínuo e de uma positiva correspondência à graça de Deus.

Ela se ia abrindo à juventude, deixando atrás de si anos serenos e fecundos, nos quais a sua personalidade já estava esboçada a traços largos e esperançosos no futuro.

CAPÍTULO 3

O CASAMENTO COM PATRÍCIO

Uma das maiores preocupações dos pais na Antiguidade era a de garantir a vida das filhas no devido tempo, achando-lhes um marido, mesmo que sem muitas pretensões, para que não sofressem a vergonha de vê-las ficar solteiras. São João Crisóstomo[1] descreve com muita eficácia as noites de insônia de certos pais que não encontravam a paz enquanto não viam suas filhas casadas.

Também os pais de Mônica, embora valorosos cristãos, não estavam isentos de tal pressão social. Sem dúvida, sua filha não tinha nada a invejar de ninguém: se é verdade que a beleza interior se reflete no exterior, devemos imaginá-la agraciada também fisicamente, com traços doces e serenos, mas, acima de tudo — e é o que mais importa —, adornada das melhores qualidades de mente e de coração, que a tornavam amável e simpática. Sua conversação era inteligente e vivaz, como veremos no tempo da estadia em Cassicíaco, e a sua companhia, certamente, não devia aborrecer.

Que homem de Tagaste ou da vizinhança teria a felicidade de tomá-la como esposa? Seus pais lançaram o olhar ao redor e a escolha recaiu sobre Patrício, um homem que pertencia, como a família deles, a uma nobreza decaída, um pouco avançado em idade, pagão, como ainda eram muitos

---

[1] JOÃO CRISÓSTOMO. *De sacerdotio* III, 17. Trad. it. a cura di Giovanni Falbo. Milano: Jaca Book, 1978. p. 134.

25

naquele tempo. Não podiam encontrar alguém melhor? Para nós, que vemos as coisas com mais de 16 séculos de distância, pareceria que sim. Não sabemos quais considerações os influenciaram: talvez tenham pensado unicamente na condição social, ou na imponência física, ou ainda em outros motivos que nos escapam.

Quanto à diferença de idade entre Mônica e Patrício, os breviários agostinianos e uma carta apócrifa sob o nome de Santo Agostinho[2] apresentam números que, francamente, nos parecem exagerados. Dizem que Patrício morreu com 73 anos. Dado que sua morte, como veremos, se dá em 371, teria nascido em 298 e, portanto, teria 33 anos a mais do que Mônica, que nascera em 331. Essas datas não são, de modo algum, admissíveis, mesmo porque as próprias fontes dizem que Mônica se casou com 13 anos, viveu no matrimônio por 12 anos e na viuvez por outros 16.

A única data exata é a última, enquanto as outras são impossíveis, uma vez que Agostinho nasceu em 354 e, portanto, Mônica deveria estar casada com Patrício, no momento da morte deste, há pelo menos 18 anos. Além disso, somando os três períodos da vida de Mônica (casa-se com 13 anos, vive assim por 12 anos e 16 anos como viúva), ela teria morrido com 41 anos, enquanto Agostinho diz que morreu com 56 anos.[3]

Mesmo sendo possível, na teoria, que Mônica se casasse com 13 anos, não parece, contudo, verossímil que tivesse o primeiro filho, Agostinho, depois de dez anos de matrimônio.

---

[2] *Epistola sub nomine Augustini ad sororem scribentis edita de vita et virtutibus sanctae Monicae* (sec. VII-VIII).

[3] *Conf.* IX, 11, 28.

Tendo em conta essas considerações e a insistência da tradição sobre a diferença de idade com Patrício, a conjectura mais provável nos parece ser que Mônica, no momento do matrimônio, estivesse perto dos 20 anos e que Patrício deveria ter pouco mais de 30.

Que seja a diferença de idade! Mas, por que os pais de Mônica, cristãos fervorosos, que tinham educado a filha na religiosidade e na prática da virtude, tinham-na dado em casamento a um pagão? O seu conterrâneo Tertuliano, de quem já falamos, um século e meio antes lançava-se contra os matrimônios mistos, descrevendo-lhes, com a eficácia e o caráter incisivo do estilo que lhe é próprio, todas as tristes consequências:

> É claro: os fiéis que contraem o casamento com os gentios são réus de estupro e devem ser afastados de toda comunhão com os irmãos, como diz o apóstolo em suas cartas: "Com tais indivíduos nem sequer se deve comer (1Cor 5,11)". [...] Enumeremos, então, os outros perigos, as outras feridas para a fé, previstas pelo apóstolo: gravíssimas não só para a carne, mas também para o próprio espírito.
>
> Quem duvida, de fato, que o relacionamento cotidiano com o infiel não ofusque a fé?... Toda mulher fiel deve ter a mente voltada para o Senhor. E como pode servir a dois patrões: ao Senhor e ao marido, e este, ainda por cima, pagão? E querendo agradar a um pagão, as suas maneiras se tornarão pagãs, e também o seu penteado, as suas roupas, os seus gracejos serão mundanos e as suas carícias, mais torpes; a própria intimidade do lar não será mais imaculada...
>
> Preocupada, então, para que se cumpram seus deveres com o marido, não pode, certamente, agradar ao Senhor como exige a nossa vida cristã. Tem a seu lado um servo do diabo, o qual cuida das coisas do seu senhor, impedindo o empenho e os deveres dos fiéis. Se é preciso fazer uma reunião, o marido, naquele dia, quer levá-la às termas; se se deve observar o jejum, o marido, no

mesmo dia, organizará um banquete; se for dia de procissão, as ocupações domésticas serão mais urgentes do que nunca. E quem permitirá que sua esposa vá de cá para lá visitar os irmãos, entrando em todos os casebres e, ainda por cima, nos mais pobres? Quem suportará facilmente que ela lhe seja tirada da companhia para ir às assembleias noturnas? Quem ficará tranquilo quando ela passar a noite inteira celebrando as solenidades pascais? Quem a deixará, sem nutrir suspeitas, ir ao banquete do Senhor, que entre eles tem tanta má fama? [...]⁴

São palavras verdadeiramente cortantes. Sabemos quem era Tertuliano e podemos ver nessas expressões a semente do rigorismo que o levará, dali a pouco, à heresia montanista. Mas, também fazendo eco àquilo que ele diz, permanece inegável, ainda hoje (a diversidade de religiões constitui, de fato, um impedimento para o matrimônio cristão), as numerosas dificuldades para a vida religiosa presentes em matrimônios deste gênero. No matrimônio, de fato, compartilha-se tudo aquilo que se é e que se tem; é uma total comunhão de vida. Ora, para o cristão, a fé não é, certamente, a última coisa, a ponto de não tê-la em consideração quando se pondera todos os demais aspectos: beleza, saúde, simpatia, riqueza, posição social...

É verdade que São Paulo diz também que "o marido que não tem a fé é santificado por sua mulher" (1Cor 7,14), mas para isso faz-se necessária uma dose ainda maior de santidade, de tolerância, de espírito de sacrifício.

Desculpando os pais de Mônica, pode-se dizer que, naquele tempo, as coisas se apresentavam de um modo diferente do tempo em que escrevera Tertuliano. Viviam na época pós-constantiniana e as posições estavam quase que

---
⁴ TERTULIANO. *Ad uxorem* 2, 3-7. Trad. it. in: *La teologia dei padri della Chiesa*. Roma: Città Nuova, 1975. III, pp. 334-335.

invertidas: os cristãos tiveram um considerável incremento, e muitos pagãos permaneciam pagãos apenas por força de inércia. Daquilo que podemos concluir a partir das narrações agostinianas, Patrício devia pertencer àquele gênero de pagãos tolerantes que não só não se opunham, mas já olhavam com certa simpatia para o cristianismo. Faltava apenas o ato formal de adesão, que era adiado, não por motivos teóricos, mas somente para não se inserir num gênero de vida mais austero e continuar mergulhado em maus hábitos não consentidos aos cristãos. Os pais de Mônica deviam considerar a filha muito firme nas convicções cristãs e na prática da virtude, a ponto de poder trazer para o seu lado também o marido. E isso, de fato, aconteceu, ainda que a preço de inumeráveis sacrifícios.

Aos olhos dos pais de Mônica, então, Patrício não era recomendável, porque era pagão e não por por causa da idade avançada. A única coisa que podiam admirar nele era a sua posição social, ainda que não correspondesse a uma vicejante posição econômica. Possídio[5] diz que os pais de Agostinho pertenciam à classe dos *honestiores*, isto é, à parte superior da sociedade romana, à qual se contrapunham os *humiliores* ou plebeus. Os *honestiores*, também do ponto de vista jurídico, tinham privilégios, sobretudo no direito penal, na medida em que não podiam ser condenados à flagelação ou ao trabalho nas minas. Também não podiam ser condenados à morte, a não ser em casos excepcionalíssimos, e ainda nesses estava excluída a crucifixão e o ser dado em alimento às feras.

Patrício pertencia aos *honestiores* enquanto "decurião" do ilustríssimo município de Tagaste. Os decuriões eram os conselheiros municipais, recrutados entre os ex-magistrados

---

[5] *Vita Augustini* 1 (PL 32,35).

em razão do seu patrimônio, calculado com base em um conspícuo nível de propriedade de terra, e de sua idade, que não devia ser inferior a 25 anos, embora, às vezes, se fizessem exceções. O cargo de decurião era vitalício. Podemos pensar que — dado que mais tarde Patrício não se apresenta tão rico — o patrimônio que lhe permitira tornar-se decurião havia diminuído com o tempo.

No tardo Império, o decurionato já se tinha tornado um fardo inevitável, pois transmitido em linha hereditária: a autoridade das administrações municipais que estava nas mãos dos decuriões era, de fato, bastante limitada, enquanto pesava sobre eles o ônus da cobrança dos impostos sobre os quais respondiam pessoalmente, devendo muitas vezes cobri-los com o próprio bolso. Por isso, Patrício se encontrava na desagradável situação de quem deve manter certo padrão de vida por causa de sua posição social, mas secretamente precisa apertar o cinto para seguir adiante.

Em suma: não era senão um pequeno proprietário de terras, das quais tirava o necessário para viver. Veremos que, quando suas manias de grandeza o levaram a fazer o filho prosseguir nos estudos superiores, precisou aceitar a liberalidade do rico concidadão Romaniano, pois só os seus sacrifícios e os de Mônica não teriam sido, de modo algum, suficientes.

Quanto ao caráter de Patrício, verificamos também nele a passionalidade do númida. Passava dos momentos de ternura e afetuosidade, nos quais se mostrava todo dedicado à mulher e aos filhos, aos momentos de ira incontrolada, nos quais, perdendo a luz da razão, chegava a ser rude e briguento. Particularmente, era imperioso nele o impulso para o sexo, contra o qual o filho Agostinho, que o herdara do pai, precisará lutar aferradamente até a conversão. É ele quem percebe, num dia em que o leva consigo às termas, o irromper da virilidade em Agostinho e vai, todo orgulhoso, anunciá-lo a Mônica. Agostinho, nas *Confissões*,[6] enquanto exalta a mãe, fala do pai quase que como de um estranho e deixa transparecer a sua conduta libertina também no matrimônio: Mônica, confidenciando em suas conversas, tolera mesmo as suas *cubilis iniurias*, isto é, as infidelidades matrimoniais.

Tal era o homem com quem Mônica compartilhou cerca de 23 anos de sua existência, chegando a momentos de autêntico heroísmo, que será premiado apenas no fim, quando vir o marido converter-se e morrer no seio da Igreja, depois de ter recebido o Batismo.

---

[6] *Conf.* IX, 9, 19.

Capítulo 4

ESPOSA E MÃE CRISTÃ

A posição de Mônica na casa de Patrício não era nada fácil. Formara-se uma nova família. Contudo, a família, segundo o direito romano, não era concebida como a nossa, mas compreendia todos aqueles (esposa, filhos, criadagem) que estavam sob o poder patriarcal do *pater familias*. O seu poder absoluto e o direito de vida e de morte foram mitigados e limitados muito pouco após três séculos de cristianismo, nos quais a mensagem evangélica tinha, lenta e pacientemente, transformado as consciências a partir de seu interior, introduzindo novos valores. Fica claro que o marido era ainda considerado o senhor, e a mulher, embora tendo os cuidados da casa e a responsabilidade imediata da criadagem, encontrava-se num estado de subordinação.

Mônica não deve ter encontrado muitas delícias no seu matrimônio. Humanamente, sem dúvida, não era muito sedutora a convivência com um homem muito mais velho do que ela, colérico e infiel ao leito nupcial. No entanto, educada ao sacrifício desde a mais tenra idade, assumiu o casamento e a família como uma missão a cumprir, armou-se de paciência e capacidade para suportar as vicissitudes e serviu ao marido com afetuosa doçura. Assim, transformou o ambiente, que podia tornar-se um inferno, num lar mais sereno do que muitos outros com uma situação inicial melhor.

Patrício tinha consigo, em sua casa, a mãe idosa. Provavelmente, era filho único ou, ao menos, deveria ser o mais afeiçoado. O certo é que a mãe — como, aliás, é natural — tinha ciúmes da nora. Se no casamento a vida em comum já é difícil de per si, torna-se muito mais árdua quando, em seu meio, há outra pessoa que lança a cizânia entre a esposa e o marido. Muitos casamentos, também hoje, naufragam justamente por causa dos pais que não sabem aceitar a autonomia dos filhos casados, que devem formar o seu próprio lar, e, além de pretender ditar as leis na nova família, ficam melindrados se veem tomadas decisões que vão contra as suas. Mônica, no início do casamento, deve ter sofrido muito por causa dessa convivência, mas logo conseguiu transformar em benevolência a proverbial hostilidade entre sogra e nora.

Depois, havia as criadas com as suas más línguas e calúnias a incitar a sogra contra a nora. De um lado, tinham receio da tão jovem patroa recém-chegada e não conseguiam tolerar que fosse ela a coordenar as atividades domésticas, embora o fizesse com o garbo que lhe era próprio. De outro, pensavam que, causando discórdia entre a sogra e a nora, poderiam alcançar mais facilmente as suas comodidades, lançando a culpa das coisas que não iam bem ora sobre uma, ora sobre a outra. Mas não conheciam a têmpera e a virtude de Mônica. Ela conseguiu conquistar a sogra ciumenta e caprichosa com as armas da mansidão e da gentileza. Quanto mais as servas a acusavam de ter falado mal da sogra, mais ela se mostrava toda atenciosa e delicada, sem jamais perder a paciência. Quanto mais a sogra se irritava contra ela, mais a reverenciava e a amava, como se nada tivesse acontecido.

Um belo dia, a senhora, a quem não devia faltar inteligência, se rendeu. Dirigiu-se ao filho Patrício e desatou a contar toda a perfídia das criadas que insistiam em acusar injustamente a nora. Daquela vez Patrício se mostrou à altura da situação e deu às servas linguarudas e maldosas uma lição da qual sempre se lembrariam: foram castigadas sem piedade. Com esse expediente radical, pôs fim àquele feio costume que ameaçava destruir a paz do lar, mostrou-se filho obsequioso para com a mãe e cheio de bom senso no governo da família. A sogra de Mônica advertiu severamente as criadas, dizendo que receberiam a mesma punição se ousassem, no futuro, falar mal da nora. Mônica tinha triunfado com sua humildade e seu sábio modo de agir. A partir daquele dia, entre ela e a sogra começaram a existir relações mais amáveis do que entre mãe e filha, e eram tão suaves e benevolentes que causavam a admiração de todos, a ponto de fazer memória em Tagaste. Também as criadas, tirando proveito da lição, aprenderam a estimar sua senhora e mudaram sua atitude para com ela, passando do azedume a um afetuoso respeito.

Mais difíceis permaneceram as relações com Patrício. Apesar de Mônica cumprir seu dever de esposa com empenho e doçura, o caráter do marido era sempre aquele: orgulhoso, impetuoso, sensual, violento. Era difícil conseguir dialogar com ele. No entanto Mônica, se não o podia fazer com palavras, procurava falar-lhe com seu comportamento. Servia-o amorosamente, considerando-o como seu senhor, e o seu maior desejo era o de conquistá-lo para Cristo. O próprio Senhor ornava Mônica com uma pudica beleza e a tornava amável e admirável aos olhos do marido.

Suportava tudo nele com a esperança, ou melhor, com a confiante certeza de vê-lo um dia cristão e, portanto, justificado e casto. Quando no fervor da ira o marido lançava-se contra a mulher, ela absolutamente não altercava com ele, mesmo se tivesse toda a razão. Não só não se agitava e continha as mãos, como tampouco proferia a menor palavra que depois pudesse causar indignação. Assim, a ira se aplacava, a fera se acalmava e, quando a cena já tinha sido esquecida, Mônica se achegava ao seu marido e, com doçura, expunha todas as suas razões.

A sua arte era aquela de escolher o momento oportuno. Não era daquelas que afrontam a situação e arruínam tudo com a sua intempestividade, agindo sob o calor da emoção. Mas também não era daquelas que renunciam ao combate e aceitam passivamente as injustiças, criando no marido a falsa convicção de que têm sempre a razão. Era uma hábil estrategista que, com fina arte psicológica e, sobretudo, com paciência e virtude, conduzia o marido gradualmente ao encontro da verdade e do bem.

As outras senhoras de Tagaste, com quem se encontrava para trocar alguma palavrinha durante o desempenho das tarefas femininas, já que o estilo de vida da época levava a uma comunicação interpessoal muito mais estável e usual do que a vida isolada e apartada de hoje, desabafavam entre si as desventuras familiares e os maus-tratos que sofriam da parte dos maridos. Algumas delas traziam no rosto os sinais das agressões recebidas. De fato, naquele tempo, não era raro que o marido batesse na esposa até sangrar, e isso não causava nenhum espanto em particular.

Mas aquilo que as amigas de Mônica não conseguiam compreender era como ela nunca tinha o rosto desfigurado. No entanto, conheciam o terrível caráter de Patrício. Se os maridos delas, que tinham um caráter muito mais manso, levantavam tão facilmente as mãos, quanto mais Patrício, que deveria deixar no corpo da mulher as marcas de sua ira.

A esses pensamentos Mônica respondia com uma lição de vida matrimonial. Dizia às suas amigas que, desde quando tinham escutado a leitura dos assim chamados "mandamentos do matrimônio", deveriam considerar-se servas de seus maridos e, portanto, não se mostrar arrogantes com eles.

Dizia essas coisas brincando, para dourar a pílula. E depois lhes respondia, para a admiração delas, como conseguia não só nunca ser agredida por Patrício, mas também jamais deixá-lo amuado e não se separar dele um único dia, contando sua tática de deixá-lo extravasar e, em seguida, aproveitar do momento mais oportuno para fazê-lo refletir.

Algumas tentavam seguir seu exemplo e a agradeciam por tê-las ensinado o caminho da paz familiar. Outras, pelo contrário, não davam atenção aos seus conselhos e continuavam sendo maltratadas pelos maridos.

Mônica se empenhava em estabelecer a paz não só com a sogra, as criadas, o marido e as amigas, mas com qualquer pessoa. Um péssimo vício, muito comum entre as mulheres, é o da fofoca. Não se consegue manter só para si os segredos e os desabafos de uma alma amargurada por causa de ofensas e injustiças recebidas. Quem se confidencia com uma pessoa amiga, na esperança de encontrar compreensão e conforto, sente-se traído quando suas palavras são contadas a quem não deveria sabê-las, aumentando, assim, ainda mais a chaga da inimizade. E o mais comum é que não apenas se repetem as palavras ouvidas, mas acrescentam-se outras inventadas, acentuam-se as cores, provocando, consequentemente, o nascer de suspeitas injustas, de animosidades, ira e desejo de vingança.

Mônica foi absolutamente alheia a esse vício. Diz Agostinho[1] que Deus tinha dado à sua mãe o grandíssimo dom de saber fazer-se pacificadora, sanando discórdias e aplainando mal-entendidos. Jamais repetia aquilo que tinha escutado de uma amiga contra outra; sabia muito bem que, quando o espírito está tumultuado, pois agitado pela paixão do orgulho ferido, da ira, da inveja, perde-se o controle e se proferem expressões exageradas e irrefletidas. Aludia às pessoas interessadas apenas aquelas frases que podiam oferecer ocasião para uma reconciliação. Assim, todos sabiam poder encontrar em Mônica a confidente discreta, compreensiva e equilibrada, a conselheira inteligente e iluminada em todas as circunstâncias.

Tudo isso, certamente, era resultado dos dons que Deus lhe tinha dado, mas também de seu contínuo exercício para conquistar o domínio de si, de sua intuição psicológica, do conhecimento da alma humana, do amor pelo próximo, a quem desejava ver na serenidade e na paz interior. Tornar felizes os outros era a sua grande aspiração e não economizava tempo, qualidades e energias para ser instrumento de paz, mas não da paz fictícia, baseada no comprometimento e na mentira, e sim da paz autêntica, que é dom de Deus e conquista da justiça.

Por isso teve de sofrer muito. Mas, com o correr do tempo, viu sempre os seus esforços coroados de sucesso.

Vimos que o seu casamento não foi, humanamente, dos mais felizes. Todo casamento é rosa e espinho, como, aliás, qualquer outro relacionamento. Mas o casamento de

---

[1] *Conf.* IX, 9, 21.

Mônica foi repleto, sobretudo, de espinhos de toda espécie, ainda que ela os tenha conseguido suportar e amenizá-los. Em sua vida familiar, não faltaram, porém, também as rosas. Rosas esperadas por todos os pais são os filhos, pelo menos quando vêm ao mundo. Poder transmitir o dom da vida a novas criaturas, ver nelas fielmente reproduzida a própria imagem, ter a impressão de que, de algum modo, a própria vida continua nos novos seres é uma experiência exaltante, uma das poucas alegrias verdadeiras da vida terrena.

Patrício se tornava pai com cerca de 40 anos. Com o seu temperamento fogoso, devia enlouquecer de alegria levantando nos braços o seu primeiro pequerrucho, beijando-o com ternura. As crianças são capazes de libertar e fazer vibrar os sentimentos, também dos homens mais rudes e desumanos, quando começam a articular os primeiros sons e a pronunciar aquelas duas sílabas mais simples: "papai" e "mamãe". Patrício sentia-se, agora, completo e andava vaidoso e orgulhoso dos seus filhos, aos quais queria ver superiores a todos e para os quais não poupou nenhuma despesa, nenhum sacrifício possível, esperando deles glória e prosperidade econômica.

Mônica, na sua delicada sensibilidade feminina, afinada ainda mais pela graça, deve ter experimentado uma alegria indizível ao colocar no mundo as suas criaturas. Via nelas um grande dom de Deus, sonhava em educá-las nos grandes e profundos ideais do Evangelho, mostrando em sua vida o exemplo que os filhos aprenderiam dia a dia.

Deus deu a Mônica dois filhos e uma filha. O primeiro, parece comprovado, foi o grande Agostinho, que nasceu no dia 13 de novembro de 354.[2] Deveria tornar-se um dos

---

[2] Cf. *De beata vita* 1, 6 (Idibus Novembris mihi natalis dies erat).

maiores gênios da humanidade. A partir do momento em que se extraviou do caminho reto, Mônica não viveu senão para ele. Todas as suas ações e todas as suas orações eram dirigidas para a conversão do filho, a tal ponto que, uma vez que o viu voltar a ser cristão e católico, não encontrou mais nenhum motivo que a fizesse desejar permanecer nesta terra.

Os outros filhos de Mônica, sobre os quais encontramos algumas menções nas obras de Agostinho[3] e na vida de Possídio,[4] são Navígio e Perpétua.

Navígio já era batizado, embora não saibamos quando isso aconteceu, no tempo em que Agostinho se preparava para receber o Batismo pelas mãos de Ambrósio de Milão. Acompanhou Mônica na sua última viagem, de Tagaste a Roma, de Roma a Milão e de Milão a Óstia. Encontramo-lo, sobretudo, em Cassíciaco e à cabeceira de Mônica quando esta agonizava. Por meio das rápidas pinceladas de Agostinho, conhecemos o seu temperamento doce e pacato. Não tinha, certamente, o fogo e os impulsos de Agostinho. Como não o seguiu nos excessos da juventude e nos desvios, assim também não lhe foi tão próximo nos ardores de neófito.

Não aceitou compartilhar, como, aliás, o fizeram muitos amigos, a total consagração a Deus na vida monástica, mas se casou e teve duas filhas, que abraçaram a vida religiosa. Parece que foi pai também de Patrício, subdiácono de Hipona. Um bom pai de família, então, que viveu na normalidade, sem dar a ninguém particulares motivos, seja de censura, seja de louvor.

---

[3] Além dos livros VIII e IX das *Confissões*, cf. *Ep.* 211, 4.
[4] *Vita Augustini*, 26, 1.

De Perpétua, cujo nome não se encontra nem em Possídio nem nas obras de Agostinho, mas é fruto de uma tradição, sabemos que, depois de ter-se casado, permaneceu viúva e se consagrou ao Senhor na vida religiosa. Foi eleita superiora do mosteiro feminino de Hipona, fundado pelo próprio Agostinho, e ficou no cargo por muitos anos.

Na Carta 211, dirigida às religiosas de Hipona, que no capítulo quinto contém a Regra monástica de Agostinho (provavelmente reprodução da precedente *Regula ad servos Dei*), Agostinho fala das religiosas como de sua consolação em meio às tantas fadigas da vida episcopal e, contra alguns sintomas de relaxamento que se verificavam, chama à lembrança os exemplos de santidade deixados pela irmã quando era superiora do mesmo mosteiro. Perpétua ocupa, então, um lugar de importância, como imediata executante das diretivas de Agostinho, na vida religiosa dos primeiros mosteiros do Ocidente.

Em louvor de Mônica, devemos acrescentar também isso: soube educar cristã e santamente os seus filhos. Os frutos dos ensinamentos que os três afortunados receberam no colo da mãe Mônica manifestaram-se plenamente naquilo que souberam realizar na idade adulta. Agostinho, nós sabemos quem era. Navígio, embora permanecendo um cristão correto e normal, direcionou suas filhas para a total consagração ao Senhor. Perpétua morreu deixando em Hipona a lembrança de sua santidade. A santa mãe soube criar na família um ambiente de santidade.

Capítulo 5

A PIEDOSA VIÚVA

Patrício não conseguiu ver a glória que esperava de seus filhos, pois morreu prematuramente, em 371, quando Agostinho tinha 17 anos e era estudante em Cartago.

Mônica, agindo com inteligência, tato e paciência, tivera, pouco a pouco, êxito em aparar as arestas do caráter do marido. Também a idade mais avançada contribuíra para tornar Patrício mais sábio, mais pacato, menos impulsivo com relação a tudo. Mas especialmente a vida familiar ao lado de Mônica, depois de quase vinte anos, não podia deixar de exercer influência sobre aquele homem fogoso e áspero, mas, no fundo, de bom coração.

As palavras ditas no momento oportuno por aquela santa mulher se imprimiam cada vez mais em sua mente. Mais que as palavras, porém, foram o exemplo e a paciência heróica que, com o passar de longos anos, abriram uma grande brecha no coração de Patrício. Via encarnados na esposa aqueles valores sublimes que os cristãos pregavam, lia em seu rosto aquela alegria e aquela serenidade que o paganismo e seus vícios nunca lhe haviam dado, sentia em sua alma uma força prodigiosa, impossível unicamente às forças humanas. Numa palavra: através de Mônica ele se encontrou com o divino e o tocou com a mão.

Patrício, agora vencido pela graça divina, deu o primeiro grande passo rumo a Cristo e à sua Igreja inscrevendo-se nas filas dos catecúmenos. Não era raro, naquele tempo, encontrar entre os catecúmenos homens de sua idade. Muitos adiavam *sine die* o Batismo, a fim de não assumirem os empenhos cristãos com todas as suas exigências e somente quando sentiam a morte aproximar-se apressavam-se a pedir o sacramento da regeneração.

Assim tinha feito, pouco mais de trinta anos antes, o grande imperador Constantino, e também muitos outros que optaram por permanecer catecúmenos por toda a vida. Também Agostinho foi catecúmeno desde que nasceu até os 33 anos. Da mesma forma, Ambrósio, Basílio, Gregório Nazianzeno e João Crisóstomo prolongaram o catecumenato até o limiar da maturidade. Mas se, de um lado, era normal receber o Batismo na idade adulta, para cumprir uma escolha pessoal, motivada e empenhativa; de outro, os Padres da Igreja combatiam o vício, que beirava a covardia, de receber o Batismo apenas no leito de morte.

Para Patrício, foi justamente a doença que o haveria de levar à morte que o convenceu a receber o Batismo. Mônica teve a alegria de ver o fruto de longos anos de sofrimento, mas só por pouco tempo pôde alegrar-se por ter o companheiro de sua vida também como irmão na fé. Mônica, que tendo atingido os 40 anos estava agora na plena maturidade, depois de tudo o que tivera suportado por parte do marido, experimentava a alegria de compartilhar com ele a própria fé, de participar junto com ele da mesa do Senhor, de oferecer junto com ele o testemunho da vida cristã.

Dessa forma, sentia-se menos só e via realizado o grande ideal do matrimônio cristão no imitar o amor que existe entre Cristo e a Igreja, enfrentando juntos, com espírito de fé, os vários problemas da vida. Seriam um maior exemplo para os filhos e constituiriam uma família aberta para acolher os outros, sobretudo os mais necessitados. Todos esses desejos e propósitos desvaneceram como um sonho, e Mônica compartilhou sua vida cristã com Patrício apenas por um breve período.

De fato, a morte lhe tirou o marido justamente quando estava para começar para eles uma vida mais feliz em todos os sentidos. Mônica aceitou da mão de Deus a dolorosa separação, pois, na sua fé profunda, sabia que Patrício estava salvo, vivia no Senhor, e que, depois de não muito tempo, ela estaria junto de seu marido naquela glória que transfigura todas as coisas humanas, absorvendo e sublimando os afetos e as alegrias da vida.

Depois das orações e da missa pelo defunto, como já era costume naquele tempo, Mônica sepultou Patrício em Tagaste, num túmulo no qual tinha reservado o lugar também para si, a fim de que os dois corpos que estiveram unidos na terra igualmente o estivessem, depois da morte, à espera da ressurreição. Mas a Providência divina dispunha de outra maneira.

Mônica também não pensou num novo matrimônio, embora ainda tivesse de sustentar os filhos que permaneciam sob seus cuidados. Agostinho, o mais velho, tinha apenas 17 anos e devia completar os estudos superiores para tornar-se mestre de retórica. Navígio e Perpétua eram ainda crianças e não estavam, absolutamente, em condições de prover o próprio sustento.

Podemos imaginar a indigência em que caíam as viúvas na Antiguidade, num tempo em que se desconheciam os expedientes sociais de nossos dias. Privados do amparo moral e econômico do marido, só podiam tocar a vida se tivessem propriedades e vivessem de rendas. O patrimônio de Patrício, como já vimos, não era tão grande a ponto de oferecer tranquilidade econômica. Mônica, porém, confiando no auxílio divino e dispondo-se a fazer todos os sacrifícios necessários para levar a bom termo a educação dos filhos, entrou no estado da viuvez.

Na Igreja antiga, as viúvas eram tidas em particular honra, e aquelas que se empenhavam em permanecer nesse estado recebiam uma consagração própria. Assim, formavam uma verdadeira categoria na Igreja e tinham incumbências especiais, enquanto a comunidade cristã, por sua parte, empenhava-se em mantê-las. Mas não era esta a situação de Mônica. Na morte de Patrício, estando com 40 anos, era ainda jovem e, além disso, tinha em casa filhos adolescentes. Então, assumiu os sacrifícios do estado de viuvez sem beneficiar-se de nenhuma assistência.

Muito provavelmente, para manter os estudos de Agostinho, precisou aceitar a discreta liberalidade de Romaniano, a quem buscou agradecer fazendo as vezes de mãe para o filho dele, Licêncio, que reencontraremos em Cassicíaco.

Agostinho[1] traça um interessante quadro da viuvez de Mônica. Tinha-se concedido um estilo de vida ainda mais sóbrio e austero e se consagrara ao Senhor na total castidade, não só do corpo, mas sobretudo da mente. Precisava de muito pouco para viver; não ostentava vestidos, seus jejuns eram frequentes e tudo o que, na sua pobreza, conseguia poupar prodigalizava-o em esmolas. Era obsequiosa aos presbíteros e aos chefes da Igreja e servia humildemente a todos os cristãos que, por doença ou outra causa, encontravam-se em necessida-

---

[1] *Conf.* V, 9, 17.

de, vendo neles Cristo. Participava diariamente da celebração da Eucaristia, levando a própria oferta ao altar e, duas vezes por dia — de manhã e de tarde —, ia à igreja, não para passar o tempo com fofocas inúteis, como às vezes fazem as velhinhas, mas unicamente para encontrar-se com o Senhor, escutar-lhe a voz nas Sagradas Escrituras e nas homilias dos sacerdotes e fazê-lo escutar a sua nas próprias fervorosas orações.

Temos a impressão de ver em Mônica o quadro ideal que São Paulo traça para as viúvas, satisfazendo todas as condições para ser verdadeiramente uma viúva, isto é, para cumprir o papel particular que lhe era reconhecido no interior da comunidade cristã.

No fundo, Mônica vivia de oração e caridade, fundindo harmoniosamente os dois ideais de Marta e Maria: a ação e a contemplação. Da oração hauria o oxigênio para sua vida espiritual e a energia necessária para suas obras de caridade. Do contato com o próximo, voltava de boa vontade ao Senhor, sabendo muito bem que certas situações só ele as poderia resolver. Do Senhor esperava, acima de tudo, aquilo que estava em seu coração mais do que qualquer oura coisa: a conversão do filho Agostinho.

Não nos parece, porém, que os filhos se preocupassem em dar alívio aos muitos problemas de Mônica, ou, menos ainda, em ajudá-la não lhe dando outras inquietações. Ao contrário, em especial Agostinho, uma vez livre do freio da figura paterna, rompeu as barreiras da vida moral e, intolerante a qualquer regra, deu-se a todo tipo de experiência — intelectual, religiosa, pessoal ou social. Esse comportamento foi, para Mônica, causa de apreensões e lágrimas.

Capítulo 6

O FILHO DE TANTAS LÁGRIMAS

A glória de Mônica permanecerá imortal nos séculos, sobretudo por ter dado à Igreja e ao mundo o grande Agostinho. Mas isso foi fruto de uma vida de lágrimas.

Tinha-o dado à luz, como a qualquer outro filho, em meio às dores do parto, mas as dores do parto espiritual foram imensamente maiores. Assim se exprime Agostinho: "Não é fácil explicar o que ela sentia por mim: sofria muito mais agora, ao dar-me à luz pelo espírito, do que quando sofreu as dores do parto".[1]

Essa imagem do parto espiritual é uma comparação que Agostinho usa outras vezes e que torna eficaz a ideia da intensidade com que Mônica seguiu seus filhos e os amigos dos filhos:

> Educara os filhos, gerando-os de novo tantas vezes quantas os visse afastarem-se de ti. Enfim, ainda antes de adormecer para sempre no Senhor, quando já vivíamos em comunidade, depois de eu ter recebido a graça do Batismo, ela cuidou de todos, como se nos tivesse gerado a todos, servindo a todos nós, como se fosse filha de cada um.[2]

Quando Agostinho nasceu, o costume de batizar as crianças, embora defendido pela doutrina, não estava, con-

---

[1] *Conf.* V, 9, 16.
[2] *Conf.* IX, 9, 22.

49

tudo, generalizado de fato. No que diz respeito à África, Tertuliano[3] recomendava adiar o Batismo até uma idade suficiente para conhecer Cristo. Cipriano,[4] por outro lado, meio século depois de Tertuliano e um século antes do nascimento de Agostinho, remetendo ao Concílio de Cartago do outono de 253, sustenta não ser preciso negar a nenhum ser humano que nasce a misericórdia de Deus e, também, rechaça a opinião do bispo Fido de não batizar antes do oitavo dia do nascimento por causa do paralelismo com a circuncisão.

Mônica não fez batizar Agostinho. Não, porém, em virtude das argumentações que apresentam os pais de fé fraca e que não se interessam por seus filhos, mas porque pretendia que o Batismo fosse compreendido e obtido ao término de uma longa e intensa preparação. Por isso inscreveu o seu filho desde criança no rol dos catecúmenos. O próprio Agostinho fala dos sinais do catecumenato que recebeu assim que nasceu:

> Eu tinha ouvido falar, ainda criança, da vida eterna a nós prometida, graças à humildade do Senhor nosso Deus, que desceu até a nossa soberba. Fui marcado pelo sinal da cruz e recebi o sal divino, apenas saído do seio de minha mãe, que em ti depositava todas as suas esperanças.[5]

A inscrição no catecumenato denotava já uma incipiente pertença à Igreja. Viriam depois as instruções que os bispos ou os presbíteros davam a quem estava a caminho e que se intensificavam com encontros diários durante a

---

[3] TERTULIANO. *De baptismo* 18. Ed. crit. di Bruno Luiselli. 2. ed. Torino: Paravia, 1968. pp. 30-32.
[4] CIPRIANO. *Ep. 64 ad Fidum* 2,1. Ed. crit. di Julio Campos. Madrid: B.A.C., 1964. p. 615.
[5] *Conf.* I, 11, 17.

Quaresma que antecedia a Páscoa, na qual o catecúmeno escolhido haveria de receber o Batismo. Dessas catequeses, chamadas *ad illuminandos*, temos importantes testemunhos nos Padres da Igreja da época: as *Catechesis*, de Cirilo de Jerusalém; o *De mysteriis* e o *De sacramentis*, de Ambrósio de Milão; as catequeses batismais de João Crisóstomo. O próprio Agostinho dará sábias normas para a instrução dos catecúmenos no *Del catechizandis rudibus*, que escreve a pedido de Deogratias, diácono de Cartago.

Mas Mônica não era daquelas mães que deixam aos outros o primeiro e mais importante dever de todos os pais: a educação dos filhos. Para ela, educar significava sobretudo conduzir os filhos para o Senhor. E podemos muito bem dizer que Agostinho encontrou nela sua primeira catequista; dela sorveu, junto com o leite, o nome de Jesus Cristo[6] e jamais o esqueceu, nem mesmo nos períodos mais escuros e tumultuados de sua vida. Também quando foi conquistado pela obra dos autores profanos, como aconteceu com o *Hortensius*, de Cícero, nunca se sentia plenamente seguro e satisfeito, pois não encontrava nele o nome de Cristo, que, pela educação materna, tinha criado raízes profundas em seu coração.

Podemos imaginar com quanto afeto e com quanto carinho Mônica, tendo seu menino sobre os joelhos, lhe haveria de falar das coisas que constituíam o propósito de sua vida: o amor ao Pai, a encarnação e a redenção de Cristo, a imensa dignidade de ser filho de Deus e de pertencer à sua Igreja, a vida eterna que nos está preparada no paraíso. E fazia tudo isso com tanta naturalidade e unção a ponto de imprimir suave e estavelmente a verdade e as belezas da fé no terno coração do filho, que, como barro mole, se deixava plasmar.

---

[6] *Conf.* III, 4, 8.

Ninguém jamais poderá rejeitar completamente os ensinamentos maternos. Mesmo se o tentar conscientemente, no fundo da alma permanecerá sempre aquele substrato que procurará vir à tona nos momentos mais imprevistos e que constituirá a base para a volta aos ideais de vida que foram aprendidos na infância. E assim acontecerá também para Agostinho: nenhuma doutrina filosófica, entre as tantas que abraçou, conseguiu alguma vez convencê-lo da inexistência ou da não Providência de Deus,[7] e não pôde abraçar Epicuro, para cuja doutrina inclinava-se naturalmente, porque estava firme nele a fé na imortalidade da alma e no juízo futuro.[8]

Mais tarde encontrará a força para retornar a Deus, depois de ter perambulado inutilmente em busca da verdade e dar-se conta da falácia, ou pelo menos da insuficiência das doutrinas humanas, justamente "através daquela religião que lhe foi inculcada desde a infância e que lhe tinha penetrado até a medula. Ela o atraía sem que se apercebesse".[9]

Ao educar cristãmente os filhos, Mônica precisou lutar também contra o obstáculo do paganismo de seu marido. Tinha conseguido fazer de sua casa um lugar onde reinava a fé, e o pai não conseguiu tirar do coração dos filhos a fé em Cristo. Mônica conseguiu preencher as lacunas paternas na educação,

> empenhando-se para que Deus fizesse as vezes de pai para os filhos. E nisso Deus a ajudava, para que a sua educação prevalecesse sobre a do marido, a quem servia, embora mais virtuosa do que ele, pois, assim fazendo, servia ao próprio Deus que o tinha ordenado.[10]

---

[7] *Conf.* VI, 5, 7-8.
[8] *Conf.* VI, 16, 26.
[9] *Contra Acad.* 2, 2, 5.
[10] *Conf.* I, 11, 17.

Por volta dos sete ou oito anos, Agostinho encontrou-se de repente em perigo de vida por causa de uma oclusão intestinal e, na fé que Mônica lhe havia instilado, pediu o Batismo à mãe terrena e à mãe Igreja. Mônica, mais solícita pela salvação eterna do filho do que por sua saúde física, com a alma massacrada pelo sofrimento, apressou-se em preparar tudo para que o filho catecúmeno tivesse a iniciação sacramental. Os sacramentos da iniciação eram celebrados, normalmente, na Vigília Pascal. Mas é claro que, em casos de extrema necessidade, encontrando-se algum catecúmeno em perigo de vida, o Batismo era administrado imediatamente. Deus, porém, dispunha as coisas de outra maneira.

Repentinamente, Agostinho se recuperou da grave doença e, não estando mais em perigo de morte, o Batismo foi adiado. Agostinho vai lamentar-se disso depois, nas *Confissões*,[11] e vai interrogar-se sobre por que a mãe — e justamente aquela mãe — teria adiado sua purificação.

Mas, para Mônica, o Batismo era algo muito importante e empenhativo. Conhecendo já o temperamento ardente do filho, previa as paixões que se desencadeariam e os vícios pelos quais seria subjugado durante a juventude. Tudo isso, vivido por um batizado, teria sido um pecado de gravíssima responsabilidade. Por isso, Mônica, sendo dócil instrumento do desígnio providencial de Deus, pensou corretamente em adiar o Batismo para quando a imagem de Deus já tivesse sido mais formada no filho e não desfigurada por erros e vícios.

Nesse meio tempo, o menino Agostinho, que já manifestava desde a mais tenra idade uma inteligência viva e

---

[11] *Conf.* I, 11, 18.

promissora, é enviado por Mônica e Patrício para estudar em Tagaste. Como todas as crianças, não gostava muito de frequentar a escola em virtude do esforço exigido na aplicação aos estudos, sobretudo naquele tempo. A pedagogia da época não deixava muito espaço para a atividade e a criatividade, mas baseava-se principalmente na memória e na imitação. Os métodos coercitivos para qualquer negligência nos estudos ou na disciplina estavam na ordem do dia.[12] Agostinho recorda com terror os dias de sua escola primária, ou *ludus litterarius*, em virtude das vergastadas que frequentemente recebia do professor:

> Se não me empenhava nos estudos, apanhava com a vara. E isso era louvado pelos adultos... Até meus pais, que não queriam que nada de mal me acontecesse, riam-se das minhas vergastadas, e isso constituía o maior e mais penoso de meus males.[13]

Então, também Mônica, em conformidade com a pedagogia daquele tempo e segundo o dito da Bíblia: "Quem poupa a vara ao filho, odeia-o",[14] admitia a punição corporal como meio educativo. Esse ambiente escolar levava Agostinho a odiar também as matérias que ali se estudavam, em especial o grego, que nunca digeriu plenamente, embora tenha encontrado certo prazer no latim.

No relacionamento com seus coetâneos, manifestava-se nele o espírito pagão do pai, através de comportamento prepotente e de mentiras. Em compensação, tinha muitos dotes intelectuais e afetuosos. Por isso Mônica e Patrício

---

[12] Cf. MARROU, H. I. *Histoire de l'éducation dans l'antiquité*. Paris: Edition du Seuil, 1965 (trad. it. Roma: Studium, 1978. pp. 355-362). QUACQUARELLI, A. *Scuola e cultura dei primi secoli cristiani*. Brescia: La Scuola, 1974. pp. 35-39.
[13] *Conf.* I, 9, 14.
[14] Prov 13,24. Prov 29,15.

não se contentaram com a escola primária de Tagaste e o enviaram a Madaura, 28 quilômetros ao sul de Tagaste, para realizar os estudos secundários ou de "gramática". Com muita dor, Mônica separou-se do filho, que para ela era sempre um menino, e procurou instalá-lo da melhor maneira possível junto a pessoas amigas.

Madaura não era, como Tagaste, uma aldeiazinha calma e isolada. Ali se respirava, digamos assim, os ares de província nas escolas, nas praças, nos teatros. De modo particular estes últimos, que Agostinho começou a frequentar, influenciaram negativamente sobre seu espírito sensível. Sentia queimar em si as paixões descritas nas obras que estudava e, assim, iniciou-se para ele a crise da adolescência.

Voltou de Madaura com 15 anos, depois de ter frequentado os cursos de gramática com proveito à altura de sua inteligência, mas com o espírito incerto e vulnerável às paixões juvenis. Os seus 16 anos, ele os passou em Tagaste à espera de uma decisão para prosseguir os estudos. Aquele foi um ano verdadeiramente desastroso. Sentia ferver no corpo a adolescência e, em vez de canalizar as paixões e fazê-las confluir numa rígida regra de vida, não estando empenhado nem no estudo, nem no trabalho, deu-lhes livre vazão, vivendo no ócio, que é o pai de todos os vícios.

Mônica também, como todas as mães, ainda não tinha compreendido que seu filho estava se tornando homem e prosseguia julgando-o como um rapazinho ingênuo e imaculado. Patrício, que há pouco tempo se tornara catecúmeno, encontrava-se muito mais próximo da problemática do filho e começou a falar sobre isso com a esposa, a quem cabia a educação e a vigilância. Então, Mônica finalmente abriu os olhos e compreendeu qual era, naquele momento, o seu dever de mãe. Tomada como estava pelo receio de que o filho, ainda que não batizado, tomasse o caminho errado, do qual jamais retornaria, não perdeu mais tempo.

Agostinho confessa[15] que as palavras da mãe que ressoaram aos seus ouvidos eram as próprias palavras de Deus que o chamava a si. Contudo, naquele momento, tomou as advertências da mãe como preocupações de mulher e, orgulhoso de sua virilidade, seguiu o próprio caminho. Mônica recomendava-lhe abster-se das perigosas relações com as moças e, sobretudo, do adultério. Mas ele, desprezando a mãe, desprezava o próprio Deus e lançava-se de cabeça precipício abaixo. Começou a conviver com más companhias de sua mesma idade, envergonhando-se, não de suas culpas, mas de não ser tão despudorado como eles.

Nessas circunstâncias, Mônica, que tanto se tinha preocupado com a castidade de seu filho, não pensou em canalizar a sua virilidade para dentro dos diques de um casamento legítimo, que, naquele tempo, era frequente celebrar em idade muito jovem. Agostinho — ele o diz nas *Confissões*[16] — teria optado por tal solução, mas no coração de seus pais havia um outro plano. O pai, que, dando-se conta da virilidade do filho, já se regozijava pensando nos netinhos, julgava que o matrimônio, embora podendo satisfazer alguns de seus desejos, teria truncado a ascensão de um jovem de tão belas esperanças, ao necessariamente interromper os estudos.

Mônica, do mesmo modo, preferiu que Agostinho continuasse os estudos, ainda que com o risco para sua retidão moral, mas por motivos diferentes daqueles do marido.

---
[15] *Conf.* II, 3, 7.
[16] *Conf.* II, 3, 8.

Patrício poupava afanosamente o dinheiro necessário para mandar o filho completar os estudos em Cartago e queria conseguir isso a todo custo, embora não tivesse reais possibilidades, unicamente para a glória de ver-se superior aos outros. Era o desejo de sobressair-se que prevalecia nele, por isso submetia-se a grandes sacrifícios, que outros cidadãos, em melhores condições econômicas, mas menos ambiciosos, nunca fizeram por seus filhos.

Mônica, de sua parte, via a coisa de um ponto de vista diferente. Também ela fazia sacrifícios para os estudos do filho, não para obter através dele uma glória terrena, mas, sim, apenas para o bem dele. De fato, pensava, e com razão, que justamente pela ciência viria a grandeza de seu filho. A ciência verdadeira não pode impedir a aproximação de Deus, que é Verdade. Então, quanto mais seu filho tivesse estudado, mais conheceria a verdade e mais se encaminharia pelo caminho reto. E assim foi, ainda que por meio de várias vicissitudes.

Em 370, com 16 anos, Agostinho foi a Cartago para realizar os estudos superiores de "retórica". Certamente, não teria sido possível dar um passo assim tão importante para sua futura carreira só com os recursos paternos, sem o auxílio vindo da generosidade de Romaniano, o rico concidadão de Tagaste, que, percebendo as promissoras qualidades de Agostinho, procurou ajudá-lo de todas as maneiras. Mônica, apesar da alegria de ver o filho encaminhar-se na vida, despediu-se dele com um aperto no coração. E tinha todos os motivos para isso.

Antes de partir para Madaura, ao despedir-se dele, teve preocupações maternas por causa da sua ainda tão jovem idade. Agora, indo para mais longe, em meio a tantos perigos físicos e ainda mais espirituais, sobretudo com as paixões da juventude que começavam a desenfrear-se, já intuía as tempestades que estavam por abater-se sobre ele e que haveriam de levá-lo ao naufrágio.

Naquele mesmo ano letivo, Patrício morreu. Mônica, embora tendo ficado viúva, a preço de imensos sacrifícios, seguiu mantendo os estudos do filho.

Cartago, a grande capital da África, com os esplêndidos monumentos que recordavam as suas glórias, os intensos tráfegos de comerciantes, a animação das ruas e do fórum, os célebres teatros, os circos com os espetáculos que suscitavam paixões, estava feita sob medida para que o provinciano Agostinho se desse a uma vida hedonista e desregrada. Outro impulso negativo lhe vinha do ambiente acadêmico, repleto e fervilhante de estudantes *desordeiros*, que pensavam apenas em divertir-se e em criar confusão na cidade. O próprio Agostinho vai buscando as armadilhas nas quais cair. Depois de pouco tempo, encontra-as.

O seu coração foi seduzido por uma mulher que encontrou em Cartago e da qual, em 372, teve um filho: Adeodato. Eis no que foram acabar as recomendações de Mônica: relações ilegítimas, concubinato, um filho fora do matrimônio. Mas não foi essa a maior dor para Mônica. Sentiu-se desfalecer quando soube que o seu filho tinha se tornado maniqueu e ativo propagandista da seita. Chorou mais do que fazem as mães diante da morte.[17] Para ela, de fato, a morte espiritual na qual caíra seu filho era muito mais terrível do que a morte física. Pela fé profunda da qual era dotada e pela iluminação que lhe vinha do alto, via claramente a situação e não cessava de banhar com lágrimas o solo de todos os

---

[17] *Conf.* III, 11, 19.

lugares para onde ia com o intuito de rezar. O Senhor não desprezou tantas lágrimas e a escutou.

O maniqueísmo é a religião fundada por Mani (215-274) na Pérsia. É uma mistura de várias crenças filosóficas, religiosas e mitológicas. Do masdeísmo tomou o dualismo fundamental do bem e do mal que domina toda a criação; do budismo, algumas normas de comportamento; do cristianismo, o conceito de redenção messiânica; do gnosticismo, a doutrina da emanação por degradação dos vários "éons"; do neoplatonismo, algumas nuanças de panteísmo e de misticismo. Constituída em sociedade, a religião maniqueísta tinha necessidade também de uma sólida estrutura organizativa e hierárquica. Estava dividida em duas classes: "eleitos" e "auditores". Acima de todos havia 12 mestres, 72 bispos e numerosos sacerdotes.

Agostinho encontrara na seita uma resposta — que em seguida se revelará falaz — às suas interrogações. Encontrava no maniqueísmo a satisfação para o seu materialismo de então, dado que, para os maniqueus, também a luz é matéria, e Deus, feito de luz, seria, também ele, material. Aí, no duplo princípio (bem e mal) da criação, encontrava a solução para o problema do mal que há tanto tempo o andava atormentando. Aí, encontrava a resposta para a sua problemática sobre a imoralidade no Antigo Testamento que os maniqueus refutavam, à maneira marcionita, fazendo para si um cânone bíblico para seu uso e consumo. Aí, encontrava, sobretudo, uma plena correspondência à sua personalidade dividida entre ideais altíssimos e paixões que o arrastavam para baixo.

Em 374, terminados os estudos em Cartago, Agostinho voltou para Tagaste com a sua mulher — de quem jamais saberemos o nome — e o filhinho de dois anos, Adeodato.

Mônica estaria pronta para acolher maternalmente os três e para estudar a solução daquela situação irregular, mas o que a deteve foi a heresia na qual tinha caído o filho. Se o apóstolo João[18] dissera para nem sequer cumprimentar um herético, a fim de não tomar parte em suas más obras, muito menos se podia tê-lo em casa. Por isso Mônica, que como mãe tinha o coração estraçalhado, como mulher de fé tomou a grave resolução de pôr o filho para fora de casa. Se ela, que amava Agostinho mais do que qualquer outra coisa no mundo, chegava a esse ponto, a situação devia ser verdadeiramente trágica.

Agostinho foi obrigado a pedir hospitalidade a Romaniano, a quem, além de outros amigos, por meio de sua hábil dialética, tinha feito simpatizar com os maniqueus. Os tempos que se seguiram foram terríveis. Mônica não tinha paz e teria morrido de desgosto se Deus não a tivesse consolado como só ele sabe fazer. Durante a noite, Mônica custava para pegar no sono.

Certa vez, adormecida, Deus a fez compreender, mediante um sonho, as maravilhas que preparava para o futuro. Sonhou que se encontrava em pé sobre uma viga de madeira, muito aflita e chorando. De repente, aproxima-se um jovem luminoso e, com um sorriso no rosto, pergunta-lhe o motivo da tristeza. Ela explica a situação angustiante da perda da fé do filho, que lhe provocava todas aquelas lágrimas. O jovem lhe diz: "Por que choras? Não vês que onde estás aí também ele está?". E Mônica, virando-se, viu que Agostinho estava ali com ela, sobre a mesma prancha de madeira. A visão desapareceu. De manhã, ela correu para junto do filho e lhe contou o sonho, cheia de alegria.

---

[18] 2Jo 10–11.

Agostinho — a tal ponto apaixonado por sua nova crença — interpretou o sonho no sentido de que também ela se tornaria maniqueísta e estaria com ele sobre a mesma tábua. Mônica, ao contrário, tinha a segurança que vem do Senhor e rebateu a interpretação do filho, dizendo que o jovem não tinha dito: "Onde ele está também tu estás", mas: "Onde estás aí também ele está". E ela estava firme na fé católica, a qual era a norma de sua vida. Então, também o filho se voltaria para aquela fé que ela lhe tinha infundido junto com o leite materno.

Agostinho tinha conseguido enganar a todos com as falsas doutrinas, mas não conseguiu enganar a mãe, que, embora não tivesse estudado, possuía uma mente sutil e penetrante e, sobretudo, tinha o apoio divino. Prossegue Agostinho:

> Assim, através do sonho, anunciaste a esta piedosa mulher, bem antes que se cumprisse, uma alegria que encontraria a sua realização muito tempo depois, para consolá-la da sua angústia presente. De fato, seria necessário passar ainda nove anos, durante os quais eu me revolveria no lodo desse profundo abismo e nas trevas da mentira, buscando muitas vezes levantar-me, mas afundando-me cada vez mais, enquanto aquela viúva casta, pia e sóbria — como tu as desejas —, sustentada pela esperança, mas não se cansando de chorar e gemer, não deixava em nenhum momento nas suas orações de verter lágrimas por mim diante de ti. E as suas orações chegavam à tua presença, mas tu permitiste ainda que eu me revolvesse e me debatesse naquelas trevas.[19]

Após o sonho profético, Mônica recebeu o filho em sua casa com plena confiança de que retornaria à fé católica. Agostinho devia pensar também no sustento da mulher que viera com ele e do filho Adeodato. Por isso abriu uma escola

---
[19] *Conf.* III, 11, 20.

em Tagaste. Ainda que os professores daquele tempo fossem uns pobres-diabos, e com a dificuldade daqueles poucos alunos que pagavam, conseguiam juntar o necessário para viver. Não tinha, contudo, outra escolha. Para tornar-se um mestre famoso, tinha de começar de baixo.

Quando voltava à casa, a mãe o acolhia com amor, mas, conhecendo a habilidade dialética do filho, evitava, propositalmente, qualquer discussão doutrinal. Compreendia muito bem que, para convencê-lo de seu erro, seria preciso uma pessoa tão culta quanto ele. Com esse intuito começou a procurar homens influentes, doutos e piedosos que pudessem falar com ele e reconduzi-lo para o caminho certo. Não tinha vergonha de ser importuna, pois, acima de qualquer outra coisa, tinha no coração a salvação espiritual do filho.

Um dia, soube que um bispo estava em Tagaste e foi encontrá-lo. Tagaste tinha sido sede episcopal, mas não o era mais naquele momento — voltaria a sê-lo em 394, com Alípio, um dos mais caros amigos de Agostinho. Devia tratar-se, então, de um bispo que estava de passagem. A sede episcopal mais próxima era a de Madaura e, com muita probabilidade, o bispo de Mônica era justamente o de Madaura, um certo Antígono, já ancião, que tomara parte no Concílio de Cartago de 349.

Mônica dirigiu-se a ele com confiança, narrando toda a situação do filho, que, sem dúvida, o prelado devia conhecer, dado que sua fama já se tinha difundido por toda a província, pois fazia conferências e enfrentava opositores públicos, saindo-se sempre vencedor. A piedosa mãe insistia para que o bispo fosse encontrar-se com Agostinho e o convencesse de seus erros. O bispo comportou-se com muita prudência e Agostinho reconhece que o fez com sabedoria.

De fato, disse a Mônica que não era o caso de iniciar uma disputa doutrinal com alguém que estava cheio de si e sem disposição para escutar os outros. Além disso, tratava-se de um jovem de discurso fluente e brilhante que, já anteriormente, confundira a outros, ainda que firmes e doutos. Sugeria-lhe que tivesse paciência, que esperasse. A única arma à sua disposição deveria ser a oração. Haveria de ver, finalmente, o filho dar-se conta por si só do seu erro e voltar aos retos princípios.

Mas Mônica não se contentava com tais palavras e voltava a chorar e a suplicar-lhe para fazer alguma coisa pelo filho. O bispo, então, lhe contou, para tranquilizá-la e dar-lhe esperança, que também ele, quando criança, fora confiado pela mãe aos maniqueus e que, lendo e também copiando todos os seus livros, tinha compreendido por si mesmo os erros da seita e a deixado. Assim aconteceria também com Agostinho. Mas Mônica ainda insistia, até que o venerando bispo perdeu a paciência e, aborrecido com sua importunação, disse-lhe bruscamente: "Vai-te embora! Sossega! Não é possível que se perca um filho de tantas lágrimas!".[20]

Mônica acolheu tais palavras como se tivessem ressoado do céu. De fato, esse era outro sinal que o Senhor lhe concedia em sua bondade, para sustentá-la nas suas incessantes orações e contínuas e abundantes lágrimas. As palavras do bispo sintetizam admiravelmente a vida de Mônica: uma vida de lágrimas pela conversão do filho, lágrimas tão insistentes e prolongadas diante das quais Deus não podia permanecer insensível.

---

[20] *Conf.* III, 12, 21. O fato de o bispo ser identificado com Antígono de Madaura é opinião de G. Papini em *Sant'Agostino,* Firenze: Vallecchi, 1929, pp. 73-74.

Entrada da Igreja de Santa Mônica em Óstia Lido, inaugurada em 7 de dezembro de 1972.

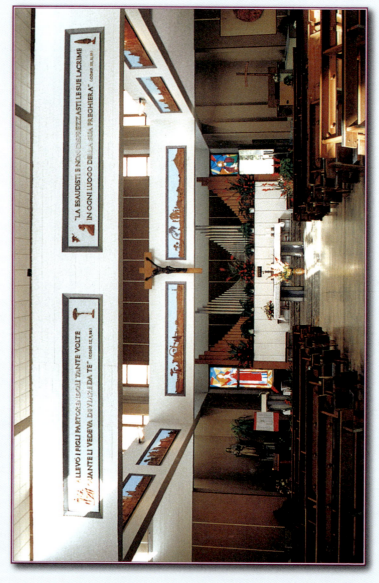

Interior da Igreja de Santa Mônica.

Basílica de Santa Áurea (século XV), no povoado de Óstia Antiga. À esquerda, a entrada da antiga casa episcopal de Óstia.

EPITAPHIVM B·MONNICAE GENETRICIS S·AVGVSTINI
HIC POSVIT CINERES GENETRIX CASTISSIMA PROLIS
AVGVSTINE TVI ALTERA LVX MERITI
QVI SERVANS PACIS COELESTIA IVRA SACERDOS
COMMISSOS POPVLOS MORIBVS INSTITVIS
GLORIA VOS MAIOR GESTORVM LAVDE CORONAT
VIRTVTVM MATER FELICIOR SVBOLIS
EX ANTIQVIS MANVSCRIPTIS

COPIA DELLA ISCRIZIONE COLLOCATA SVL SEPOLCRO DI S·MONICA
MADRE DI S·AGOSTINO COMPOSTA DA ANICIO AVCHENIO BASSO
CONSOLE DEL 408 DESVNTA DA ANTICHI CODICI E QVI TRASCRITTA
NEL MAGGIO 1910 PER INIZIATIVA DEL COLLEGIO DEI CVITORI DEI MARTIRI
E A CVRA DEL PRINCIPE MARIO CHIGI
S·MONICA MORI IN OSTIA IL 12 NOV·387 ED IVI FV SEPOLTA–IL SVO CORPO
FV TRASFERITO NELLA CHIESA DI S·AGOSTINO IN ROMA L'ANNO 1425

Lápide, na Basílica de Santa Áurea, com fragmento do epitáfio de Auquênio Basso, que estava sobre o túmulo de Santa Mônica.

Santo Agostinho em seu gabinete. Afresco de Sandro Botticelli (1480), conservado na Igreja de Todos os Santos de Florença.

Igreja de Santo Agostinho em Campo Marzio, Roma, erigida pelo cardeal Guglielmo d'Estouteville (1483).

Urna com a imagem de Santa Mônica. Obra de Isaia da Pisa (1566), localizada na capela de Santa Mônica da Igreja de Santo Agostinho.

Jazigo com o corpo de Santa Mónica sob o altar da capela de Santa Mónica na Igreja de Santo Agostinho.

Capítulo 7

NOS PASSOS DE AGOSTINHO

Em Tagaste, Agostinho ficou arrasado com a morte de um amigo que lhe era muito caro, seu coetâneo, sobre quem exercia grande fascínio, levando-o a aderir às fábulas maniqueístas. Ao ficar gravemente doente, foi batizado. Agostinho pensou que ele não daria nenhum peso àquele Batismo recebido em estado de inconsciência e que haveria de seguir considerando-se maniqueu. Tanto é verdade que, como o amigo se recuperou, começou a zombar de seu Batismo. Contudo, recebeu dele uma advertência contundente: se quisesse conservar sua amizade, não tocasse mais no assunto.

Pouco tempo depois, esse grande amigo foi tomado novamente pela febre e morreu. Agostinho sentiu o golpe e caiu em tal estado de prostração que, para qualquer lugar onde olhasse, não via outra coisa senão a morte e não conseguia encontrar a paz. No quarto livro das *Confissões*, demora-se muito ao descrever esse episódio e o seu sucessivo estado de ânimo, sobretudo porque, pela primeira vez, tinha visto falhar a sua propaganda e suas conquistas, e lhe queimava profundamente no espírito a lição recebida do amigo.

Nessa circunstância, Mônica divisava outro sinal da Providência, que preparava a retomada do bom senso do filho, o qual, não conseguindo mais permanecer em Tagaste e nem caminhar por suas ruas, porque tudo lhe fazia recordar o amigo falecido, mudou-se para Cartago.

Na capital, já tendo agora certa fama, não lhe foi difícil colocar em funcionamento uma escola de retórica própria. A mãe não conseguiu ficar por muito tempo distante do filho, sempre ansiando por sua salvação espiritual. Sentia que sua proximidade era necessária. Assim, a preço de compreensíveis sacrifícios, acompanhou Agostinho a Cartago. A partir desse momento, toda a sua vida será dedicada a seguir o filho pela África e a Itália, esquecida de si mesma e devotada somente ao bem do filho.

Em Cartago, Agostinho escreveu sua primeira obra, intitulada *De pulchro et apto* [O belo e o harmonioso], na qual tratava da beleza inerente às coisas. Era um primeiro passo rumo à Beleza incriada. Mônica a leu e sentiu certo alívio. Via nessa obra a mentalidade penetrante do filho e as suas boas disposições. Certamente tudo isso não podia deixar de dar o seu fruto.

De resto, Agostinho não colheu muitas consolações em Cartago. Os alunos não eram exatamente aqueles que um professor espera: eram indisciplinados, sem nenhuma vontade de estudar ou seriedade, mostravam disposição apenas para fazer bobagens e coisas erradas, que, se concretizadas, podiam tornar-se passíveis de punição. Os costumes que não tivera quando estudante era, agora, obrigado a suportar da parte de seus alunos. Não tolerando mais esse ambiente, que era a negação da cultura, decidiu mudar de cátedra. Tinha ouvido dizer que em Roma os estudos se desenvolviam com maior seriedade e empenho, e resolveu tentar estabelecer-se na velha e gloriosa capital do Império. Além disso, não escondia ser atraído também pelo deslumbramento de uma melhor situação econômica.

Mas os verdadeiros motivos conhecia-os o Senhor, que, através daquela viagem, haveria de preparar encontros e circunstâncias que levariam Agostinho à conversão. Mônica, quando soube do filho que estava para partir, chorou amargamente. Pensava que Roma seria para ele uma ulterior causa de perversão. Justamente no momento em que começava a ter suas dúvidas e a tomar certa distância do maniqueísmo, era bom que não fosse engolfar-se em outros erros.

De fato, Agostinho tinha descoberto os erros de Mani na sua doutrina sobre os astros e perdido a fé na sua infalibilidade. Assim como errara em coisas matematicamente mensuráveis, pela presunção de tudo saber, também podia muito bem ter errado em todas as outras coisas. Corroído pela dúvida, percebeu, no fundo, que os maniqueus procuravam demolir os sistemas dos outros, mas não ilustravam e não justificavam o deles.

O golpe de misericórdia veio do encontro com o bispo maniqueu Fausto, o mais celebrado, eloquente e piedoso, que, todavia, não soube dar resposta aos seus questionamentos. Por essa razão Mônica não queria que Agostinho se afastasse dela, esperando confiante uma conversão em breve. Ou, pelo menos, já que estava decidido mesmo a partir, iria com ele. Agostinho mal suportava tal ingerência materna nos seus projetos. Mas, como respeitava e amava muito a mãe, para poder partir recorreu à mentira. Disse-lhe que iria ao porto para despedir-se de um amigo e fazer-lhe companhia até a hora da partida. Mônica não aceitou a argumentação e respondeu que não voltaria para casa sem ele.

Agostinho fez que ela notasse que o vento não soprava e que a embarcação não poderia partir. Convenceu-a a esperar e a passar a noite numa igrejinha próxima do porto, dedicada a São Cipriano, enquanto ele faria companhia ao amigo que devia partir. A solução pareceu razoável a Mônica, até porque encontrava satisfação no recolhimento e na oração, e também porque poderia controlar de tempos em tempos se a embarcação partia ou não. Mas, enquanto esperava em oração, acompanhada como sempre de abundantes lágrimas, talvez tenha perdido a noção do tempo; ou, absorvida no Senhor, deixou de lado outros pensamentos; ou talvez tenha mesmo adormecido. O fato é que, ao raiar da aurora, quando o vento começou a soprar e a inflar as velas, Agostinho subiu na embarcação, que seguiu mar adentro, até que a praia desaparecesse.

O estratagema teve sucesso. Mas, quando Mônica, de manhã, saiu da igrejinha e se deu conta de ter sido enganada, pareceu-lhe enlouquecer de dor e, novamente, voltou-se para o Senhor com lamentos e gemidos. Agostinho, refletindo sobre esse episódio na idade madura, vê aí uma intervenção da Providência para o seu bem e o de sua mãe:

> Tu, Senhor, olhando do alto e escutando a substância do seu desejo, não lhe concedeste aquilo que pedia naquele momento, para fazer de mim o que ela sempre desejara... Assim, deixaste que eu fosse arrastado por minhas paixões para nelas colocar um fim e para castigar, com o justo flagelo da dor, o amor por demais humano que ela nutria por mim. Ansiava de fato, como normalmente querem todas as mães, conservar-me a seu lado, ou, antes, ansiava em medida muita maior do que as outras mães e ignorava quanta alegria tu farias chegar a ela através de minha ausência. Ignorava e, por isso, chorava e gemia, manifestando através desses sofrimentos aquilo que ainda lhe existia da herança de Eva, buscando na dor aquele a quem na dor dera à luz. Acusando-me de tê-la enganado cruelmente, logo voltou a rezar por mim, retomando seus hábitos, enquanto eu viajava para Roma.[1]

[1] *Conf.* V, 8, 15.

Era o ano de 383 e Agostinho tinha 29 anos quando chegou a Roma. Dado que não havia ainda rompido oficialmente com a seita, encontrou hospedagem na casa de um maniqueu. Na verdade, os membros das seitas, assim como se mostram muito generosos e acolhedores com seus membros, são igualmente fechados e insensíveis com os outros.

Roma ainda era a capital do paganismo, porém mais de três séculos de história cristã tinham influenciado a cidade e a sua aparência estava mudando. Ainda estavam ali muitos dos bispos reunidos para o sínodo do ano precedente, que devia definir a solução do cisma de Antioquia. Sobre a sé de Pedro sentava-se Dâmaso, octogenário, pleno de sabedoria, doutrina e santidade. Ao seu lado, Jerônimo, a quem tomara como consultor bíblico e secretário e que viera a Roma no séquito do chefe da facção ultranicena de Antioquia, o bispo Paulino, que o tinha ordenado padre um ano antes.

Andando pelas ruas de Roma, é impossível que Agostinho nunca tenha encontrado Jerônimo em seu caminho até o Aventino, onde fundara um círculo bíblico em que se reuniam as mulheres mais destacadas da aristocracia romana, presas aos lábios daquele rude monge. Eram Marcela, Fabíola, Paula com as filhas Eustóquia e Blesila, e muitas outras.

Todos esses fermentos de cristianismo vivo impressionaram Agostinho, que tinha as ideias muito confusas e muitas dúvidas. Acabou por tornar-se cético, aderindo à filosofia dos Acadêmicos.

Não muito tempo depois de sua chegada a Roma, foi acometido por uma grave febre e já se sentia à beira da morte. Nessas circunstâncias, certamente não pensou no Batismo, como tinha feito quando era criança. Mas o Senhor não podia deixá-lo morrer assim, de maneira que da primeira morte descesse à segunda, isto é, à eterna. Onde teriam ido parar todas as orações e lágrimas da mãe? O que seria feito de todas as visões nas quais o Senhor a tranquilizava sobre a volta do filho? Agostinho não hesita sequer um instante em atribuir à mãe a sua cura física, pois a esta se seguiu a espiritual.[2]

O Senhor não podia desprezar aquelas orações e aquelas lágrimas, pois a mãe não lhe pedia ouro, prata ou bens desta terra, mas unicamente a salvação espiritual do filho. Ele havia ensinado aos discípulos para rezar assim, certos de que seriam escutados: "Pedi e vos será dado! Procurai e encontrareis! Batei e a porta vos será aberta! Pois todo aquele que pede recebe, quem procura encontra, e a quem bate, a porta será aberta".[3]

Recuperado da doença graças às orações da mãe, Agostinho dedicou-se ao ensino, mas não encontrou aí muitas consolações. Num primeiro momento, admirou-se de ter um bom número de alunos, que, além do mais, não eram mal-educados e depravados como os de Cartago. Mas, quando chegava o momento de pagar as aulas, abandonavam o professor e transferiam-se para outra escola. Se os professores já não nadavam em dinheiro, e se depois nem eram pagos, podemos imaginar em que precárias condições se encontravam.

Além da hospitalidade, Agostinho talvez tenha sido obrigado a aceitar alguma outra coisa do maniqueu, auditor como ele, que o acolhia. E ainda que não estivesse mais tão seguro sobre as doutrinas de Mani, por conveniência devia

---

[2] *Conf.* V, 9, 16. *Conf.* V, 9, 17.
[3] Mt 7,7-8.

continuar frequentando os maniqueus, e não só os auditores, mas igualmente os eleitos.

Esse convívio arraigou ainda mais suas dúvidas: o ascetismo que pregavam era só na aparência e o pecado não podia ser estranho às suas vontades, como sustentavam em suas teorias. Ademais, voltaram-lhe à mente todas as objeções que tinha procurado dissipar quando estava em Cartago, mas que tinham permanecido, como carunchos roedores, no fundo da consciência, sobretudo as discussões com Elpídio que lhe fizeram compreender como os maniqueus usavam cópias alteradas das Escrituras. Também a doutrina acadêmica, conhecida através de Arcesilau e Carneades, e para a qual estava inclinado no momento, no fundo, consistia apenas em colocar tudo em dúvida. Por isso, seu estado de ânimo estava no máximo da problemática.

No entanto, os problemas contingentes, que diziam respeito à própria sobrevivência, começavam a exercer uma pressão sobre ele, que buscava uma situação melhor. A ocasião favorável se apresentou quando o prefeito de Roma, o fervoroso pagão Aurélio Símaco, voltou de Milão. Ali, na corte de Valentiniano II, tinha defendido a causa do restabelecimento do altar da Vitória no Senado. Ao seu retorno, entre as muitas incumbências recebidas, havia a de enviar a Milão um professor de retórica. Em meio aos maniqueus existiam pessoas influentes que indicaram a Símaco o nome de Agostinho.

Depois de um discurso de prova, Símaco sentiu-se bem feliz por mandar Agostinho a Milão, não só por ter podido apreciar sua valentia na arte da oratória, mas também porque gozava da fama de anticristão, e o prefeito da urbe, que constituía uma das últimas referências da cultura pagã, nutria forte antipatia pelos cristãos.

Para Agostinho foi um verdadeiro triunfo. Sua fama crescia, pois de provinciano que na verdade era até aquele momento, fora escolhido pela máxima autoridade literária do tempo para desempenhar um cargo público de direito imperial. Também do ponto de vista econômico, adquiria segurança, uma vez que o salário era garantido e compensador. Assim, cheio de júbilo, Agostinho partiu para Milão, tendo à sua disposição o cortejo imperial. Era o verão de 384. O jovem mestre, que ainda não tinha completado 30 anos, preparava-se para uma brilhante carreira.

Nesse meio tempo, Mônica não encontrava paz longe do filho e pensava nele dia e noite. As raras notícias que recebia pelo correio ou pessoas que navegavam pela África não lhe diziam tudo o que queria saber. Ela não podia olhar para o rosto do filho, não podia ler a sua alma. Em que ponto estava a sua apaixonada busca intelectual? As dúvidas que já fervilhavam na sua mente tinham-no conduzido a uma solução positiva? Estava no caminho da verdade ou tinha-se embrenhado em alguma outra aventura de pensamento?

A mãe não resistiu por muito tempo mais e, sem se importar com a idade, que ia avançando e trazia consigo as enfermidades, nem com as dificuldades e a fadiga das viagens daquele tempo, resolveu seguir os passos do filho.

Na embarcação, nos momentos de tempestade, quando todos temiam pela própria segurança, encontrou palavras adequadas para consolar até mesmo os marinheiros que, mais do que qualquer outra pessoa, estavam acostumados ao perigo e podiam contar como, em outras circunstâncias, tinham-se salvado. Dizia-lhes, com plena certeza, que chegariam sãos e salvos, porque assim o Senhor lhe havia manifestado em uma das tantas visões com que frequentemente era favorecida.

Chegando em Roma, depois daquela viagem perigosa, na qual, em vez de pensar em si, tinha, como sempre, difundido serenidade e esperança ao seu redor, teve a desilusão de não mais encontrar o filho. Tinha necessidade de repousar e restaurar suas forças, mas o desejo de rever Agostinho era tão ardente que não se interpôs nenhum descanso. Decidiu partir logo para Milão, que lhe indicaram como o lugar para onde o filho se dirigira, a fim de tomar posse do cargo de ensino público.

Se naquela época as viagens por mar eram perigosíssimas, as feitas por terra comportavam toda espécie de incômodos: estradas intermináveis, cansaço, perigosos salteadores, alimentar-se às pressas o pouco que se podia, dormir como era possível e nem sempre debaixo de um teto... Em suma: tratava-se de uma autêntica aventura, a ponto de colocar a dura prova mesmo um jovem robusto. Isso para não falar de alguém como Mônica, que já tinha superado havia algum tempo a casa dos 50 anos e estava depauperada pelas dores, preocupações e jejuns. Mas o amor materno não conhece limites e cansaço, e o de Mônica se tornara ainda mais forte e perseverante pela graça divina. Assim, armada mais de amor e de esperança do que de forças físicas, chegou a Milão, onde, depois de dois anos de forçada separação, pôde finalmente abraçar de novo o seu Agostinho.

Sem dúvida, não o encontrou no melhor estado de espírito. Estava em grave perigo, pois tinha chegado a perder a esperança de conseguir alcançar a verdade.[4] Buscou, contudo,

[4] *Conf.* VI, 1, 1.

consolar a mãe dando-lhe pelo menos a boa notícia de que não era mais maniqueu. Mônica acolheu tal declaração sem saltar de alegria, como Agostinho teria esperado, mas como algo normal e previsto. Não era somente isso que esperava do filho. Estava certa, pois o Senhor lhe havia confidenciado, nas suas insistentes orações, que dali a pouco ele daria o passo mais importante: aquele de voltar a ser cristão católico.

Enquanto isso dirigia-se sempre mais intensamente ao Senhor com orações e lágrimas, para que se apressasse o dia da plena conversão do filho, a qual já esperava havia tantos anos.

Capítulo 8

EM CONTATO COM AMBRÓSIO DE MILÃO

Em Milão, Mônica se viu de novo morando com o filho, como não acontecia desde a infância dele. Entre o estudo e o magistério, houve um contínuo distanciamento do filho, um contínuo vê-lo partir, para Madaura, para Cartago, para Roma, para Milão. Agora estava resolvida a não mais afastar--se dele. Esperava-o no retorno das aulas, tranquilizava-o quando as inquietações das profundezas do espírito afloravam em sua consciência e, sobretudo, não deixava de rezar por ele. Também tratava maternalmente a sua fiel companheira, que, com doçura e modéstia, permanecendo sempre na sombra, o tinha seguido. Depois, podemos imaginar os cuidados que dirigia ao netinho Adeodato, que, embora atravessando a difícil e ingrata idade da puberdade, crescia puro e inteligente em contato com o gênio do pai e a santidade da avó.

Por um secreto desígnio divino, sem que se dessem conta, tinham convergido para Milão Agostinho, Mônica e toda a família. Ali deviam encontrar o homem da Providência: Ambrósio. Havia um decênio ele se sentava na cátedra da Igreja milanesa, desde quando, ainda como simples catecúmeno, fora eleito em meio ao furor do povo.

Assim como para Agostinho, também para ele o Senhor tivera projetos extraordinários. Tendo nascido e crescido numa família cristã, recebeu exemplos de santidade dos parentes. Na mocidade, viu a irmã, Marcelina, tomar o véu monacal das mãos do papa Libério, em Roma. Mas ele permaneceu sempre catecúmeno. Depois dos estudos, empreendeu a carreira de magistrado imperial com o irmão Sátiro. A primeira nomeação que receberam foi a de advogados junto à prefeitura do Pretório da Itália, Ilírico e África, que tinha sede em Sírmio.

Dois anos depois de sua chegada, em 367, ao prefeito Volcácio Rufino sucedeu Sexto Petrônio Probo, que favoreceu a carreira dos dois irmãos chamando-os, primeiro, para fazer parte do seu conselho e, depois, propondo a nomeação deles a "cônsules". Então, em 370, Ambrósio se torna "cônsul", isto é, governador da província da Emília-Ligúria e seu irmão Sátiro... não sabemos de onde. Nesse novo importante cargo, Ambrósio se distingue por sua acurada administração da justiça, por sua honestidade a toda prova e pelas qualidades de seu governo, razão pela qual logo conquistou a estima de todos.

Assim aconteceu que, em 374, quando morreu o bispo de Milão — o ariano Auxêncio —, Ambrósio que, como tutor da ordem, tinha ido à basílica na qual se daria a eleição para prevenir ou pacificar os eventuais tumultos previstos entre as duas abrasadas facções — dos católicos e dos arianos —, foi considerado por todos o único homem capaz de fazer frente à situação, tendo sido obrigado, depois de muitas tentativas suas de subtrair-se, a receber o encargo do episcopado.

São Paulo recomenda[1] não se eleger um bispo neófito, então, muito menos um que ainda não é batizado. Os câno-

---

[1] Cf. 1Tm 3,6.

nes conciliares[2] proibiam as eleições *per saltus*. Todavia julgou-se oportuno fazer uma exceção a essas regras, como já fora feito, em 236, para o papa Fabiano, em Roma; em 319, para Filogônio de Antioquia; em 362, para Eusébio, na Cesareia; e como se fará, em 381, para Netário, em Constantinopla.

Uma vez feito bispo, Ambrósio sentiu o peso da responsabilidade que tinha assumido e buscou com todas as forças estar à sua altura. Fez-se instruir pelo presbítero Simpliciano, que o tinha preparado para o Batismo e que, depois, seria seu sucessor na cátedra de Milão. Debruçou-se sobre as Sagradas Escrituras, que estudou dia e noite com a ajuda dos padres gregos e latinos. A cultura de base, a inteligência e a boa vontade não lhe faltavam; por isso, em pouco tempo, assimilou tudo.

Esta era a figura com que Mônica e Agostinho deviam entrar em contato. Fisicamente, era de baixa estatura, magro, com uma leve dissimetria dos olhos, como retratado no mosaico do século V, que se encontra na capela de São Vítor em céu de ouro da basílica de Santo Ambrósio, em Milão. Mas naquela pessoa diminuta residia tamanha energia que chegava a ponto de opor-se ao Império inteiro.

Era de um equilíbrio todo romano, de uma prudência que sabia escolher o momento oportuno e que jamais se rebaixava para o oportunismo ou para o comprometimento, de um raro conhecimento da alma humana, fruto da sua longa experiência com as pessoas e as coisas. A tal temperamento unia-se o senso do belo e da arte, além da nobreza e fineza de sentimentos, que faziam dele um verdadeiro cavalheiro,

---

[2] Concílio de Niceia de 325, cân. 2. Concílio de Sárdica de 343, cân. 10.

um homem completo, que alcançou tanta perfeição quanto é possível a um mortal. Se a esses dons acrescentarmos a riqueza da ascese cristã e a obra da graça divina, podemos obter uma imagem do personagem Ambrósio.

Mônica, uma vez chegada a Milão, começou a frequentar suas pregações e ficava como que presa às palavras que saíam de seus lábios. Delas escorria a água que jorra para a vida eterna. Nunca antes tinha ouvido comentar a Palavra de Deus com tanta propriedade, com tanta profundidade, com tanto gosto e unção. Por isso, não via o momento de correr para a igreja a fim de escutar o homem de Deus e alimentar sua alma com abundância e deleite. Tinha-o como um anjo mandado por Deus e começou a estimá-lo ainda mais quando soube que, com a sua palavra, tinha influenciado também o filho, revelando-lhe, em suas pregações, as belezas do cristianismo e mostrando-as encarnadas na sua vida.

Desde que chegara a Milão, Agostinho encontrara-se com Ambrósio, não por simpatizar com o cristianismo, mas porque o bispo era, na prática, uma das pessoas mais importantes não só da cidade, mas de todo o Império. Tinha triunfado sobre Símaco, conseguindo que não fosse recolocada a estátua da Vitória no Senado; fora o mais influente conselheiro do imperador Graciano, assassinado no ano precedente; agora, era a pessoa que mais influenciava sobre seu sucessor, o meio-irmão Valentiniano II, que, tendo apenas 13 anos, reinava com a tutela da mãe, Justina, uma ariana fanática. Milão era a sede imperial e Ambrósio superava, em importância civil e celebridade, também o bispo de Roma — o grande Dâmaso —, e depois Sirício, seu sucessor.

A visita de Agostinho foi, então, uma visita interessada e proveitosa. Com tudo isso, Ambrósio o acolheu paternalmente e o seu fascínio cativou o jovem professor. Este o admirava e o amava, mas com aquela espécie de temor reverencial que o fazia manter certa distância e impedia que as relações entre os dois se tornassem verdadeiramente calorosas e familiares. No fundo, Agostinho fora enviado a Milão por Símaco, o reconhecido chefe dos pagãos e, portanto, Ambrósio o via sob essa luz negativa. Mas mesmo depois de ter se convertido e ter sido por ele batizado, as duas naturezas e as duas experiências de vida eram tão diferentes que nunca chegaram a uma verdadeira amizade.

Como temperamento, Ambrósio era grave, ponderado, prudente, enquanto Agostinho era fogoso e impulsivo. Ambrósio nunca fora escravo da sensualidade, vivendo celibatário até os 40 anos, quando foi eleito bispo. Agostinho, até a conversão, não podia passar sem ter uma mulher ao seu lado. Como experiência de vida, Ambrósio, vindo de uma família senatorial, tinha percorrido a carreira civil como algo prefixado. Agostinho era um provinciano que se fizera na vida por si mesmo, apoiando-se unicamente em seus dotes intelectuais. Ambrósio tinha uma mentalidade jurídica e prática. Agostinho era o intelectual puro, inclinado aos problemas filosóficos mais profundos e à especulação.

Agostinho, naturalmente, falará de Ambrósio nas *Confissões*, mas o bispo de Milão, que viveu outros dez anos depois da conversão e do Batismo de Agostinho, tempo em que o neófito subiria ao presbiterado e ao episcopado, não fez uma única menção a ele, nem nos seus tratados nem nas suas cartas. Contudo fora, para Agostinho, o instrumento da Providência.

Mônica, como vimos em Tagaste, no seu amor materno, não teve receio de mostrar-se intrometida e importuna na busca a quem pudesse falar e convencer o filho, certamente não poupou Ambrósio com suas insistências. Mas ele estava por demais ocupado com empenhos de nível superior, como concílios, consistórios imperiais, assuntos de alta política, embaixadas, organizações de assistência aos pobres e aos enfermos, redação de obras e homilias, e dificilmente podia deter-se por muito tempo em conversas individuais, como seria necessário no caso de Agostinho, que, quando ia procurá-lo, encontrava-se com uma multidão de pessoas, cada uma com seu problema para apresentar ao bispo. E mesmo quando, muito raramente, Ambrósio estava sozinho, Agostinho encontrava-o profundamente imerso na leitura e na meditação, a ponto de não perceber quem estava esperando à sua porta, que ficava sempre aberta. Agostinho não era de ir se intrometendo como a mãe e não ousava perturbar o bispo naqueles únicos momentos que podia dedicar ao estudo e à reflexão pessoal. Esperava que Ambrósio levantasse os olhos e lhe fizesse sinal para aproximar-se, mas isso não acontecia. Então, depois de ter ficado algum tempo aguardando, na ponta dos pés, para não perturbar, saía do palácio episcopal levando consigo os problemas de sempre.

Contudo, mesmo que não conseguisse ter um colóquio esclarecedor, tais visitas não eram de todo inúteis. Bastava-lhe estar um pouco na presença de Ambrósio para trazer uma salutar impressão e sentir-se favoravelmente disposto à ação da graça divina.

Na maioria das vezes, as conversões não são fruto de discussão e polêmica, mas do exemplo que conquista. Então, no caos que é o coração humano, verificam-se os mecanismos que, fugindo às férreas regras da lógica, conduzem àquelas paragens que seriam impossíveis de ser alcançadas pelo raciocínio.

Pelo suave mistério que emanava de Ambrósio, Agostinho foi levado a escutá-lo, arrastado por um misto de curiosidade e inexplicável atração. Justamente as pregações que o bispo dirigia a todo o povo que enchia a basílica é que fizeram cair, uma a uma, as suas objeções à fé cristã. Não via nada de infantil ali, nada de incoerente, mas tudo era harmonioso e sublime. Nas conversas que se seguiam em casa com a mãe, existia, assim, um ponto de referência: os discursos de Ambrósio interessavam a ambos.

Ademais, Mônica começou a tornar-se uma figura conhecida por Ambrósio. Via-a sempre nas primeiras filas com uma atitude de compostura e recolhimento que não tinha nada de afetado, mas era o reflexo natural de uma sincera e profunda piedade interior. Começou a ligar a imagem da mãe com a do filho. Estava tocado pelo fervor e assiduidade de Mônica às celebrações e pelo seu comportamento religiosíssimo. Por isso, encontrando Agostinho nos momentos fugazes em que se deslocava de um lugar a outro, detinha-se alguns instantes para tecer elogios e felicitar-se com ele por ter a graça de possuir uma mãe exemplar.

Agostinho respondia com garbo aos cumprimentos e era quase que tentado a aproveitar daqueles breves instantes para abrir sua alma ao grande e santo bispo, mas, intuindo sua pressa, a palavra lhe morria nos lábios e ele sufocava no fundo do coração tudo quanto teria desejado expor. No entanto, a dúvida que sempre mais se infiltrava nele já era um fato positivo: era a passagem obrigatória, como são os ataques que os médicos chamam críticos, rumo à cura completa. A busca da verdade que Agostinho andava conduzindo sob o influxo de Ambrósio durou cerca de dois anos.

Por essa época, na Igreja milanesa, as lutas do bispo iam atingindo o seu auge na questão das basílicas que os arianos pretendiam ter para si. A imperatriz-mãe, Justina, jamais aceitara que a Igreja de Milão, depois da morte de Auxêncio, em 374, fosse subtraída dos arianos e sempre brigara para haver ao menos um bispo ariano além do católico. Mas as vicissitudes tempestuosas que se seguiram à morte do marido, Valentiniano I, ocorrida no reinado do enteado Graciano, com contínuas ameaças para o Império por parte dos bárbaros usurpadores, não lhe deram a possibilidade de impor-se. Agora, sentia que sua posição estava bastante consolidada para tentar um ato de força.

Por volta do fim de 384, chegara a Milão o bispo ariano Mercurino, que Teodósio tinha deposto de sua sede de Durostorum, na Romênia. Sua presença em Milão constituiu para a imperatriz o pretexto que esperava para pretender de novo uma basílica para os arianos. Provavelmente, pediram a basílica Porciana, que estava fora dos muros. Ambrósio recusou e foi chamado a apresentar-se diante do consistório imperial. Ali, precedeu-o uma numerosa multidão de fiéis que ameaçava iniciar um tumulto, de modo que a corte foi constrangida a ceder. Justina arquitetou outras tramas: transferiu-se com a corte, primeiro, para Aquileia e, após um breve retorno a Milão, entre o fim de 385 e o início de 386, para Pavia, a fim de manter Ambrósio distante e tentar enfraquecer seu poder. Mas Ambrósio sempre se recusou a ceder a igreja. Ou melhor: fechou-se, com seus fiéis, na basílica Porciana.

Em março de 386, a corte voltou a Milão e foram enviadas tropas imperiais para cercar as basílicas. Os fiéis foram obrigados a permanecer continuamente na basílica e era necessário mantê-los ocupados, a fim de não se entediarem. Ambrósio, então, distribuiu equitativamente os turnos de vigília entre homilias, comentários aos vários livros da Sagrada Escritura e cantos. Introduziu o canto antifonado dos salmos e compôs diversos hinos, muitos dos quais se tornaram famosos e foram, em seguida, introduzidos na recitação do Ofício Divino.

Mônica, como sempre, e também nessa ocasião, estava entre os primeiros fiéis a defender com a sua presença os direitos da Igreja e a levantar uma barreira de proteção ao redor do bispo, saboreou a entusiástica e arrebatadora eloquência de Ambrósio e, sobretudo, cantou com toda a alma os salmos, assumindo esse hábito que, depois, ensinará em Cassicíaco aos jovens reunidos com Agostinho.

Foram dias de temor, mas também de intensa experiência cristã. O fiel povo de Milão descobriu o que significava ser comunidade e o que representava o bispo para eles. Mônica que, ainda na África, depois de ficar viúva, tinha se acostumado a frequentar diariamente a igreja e a se sentir parte da comunidade cristã, concebendo-a como uma família. Agora em Milão, com Ambrósio, sentia toda a alegria de compartilhar a oração e a fraternidade, providenciando também a comida para aqueles que permaneciam dias inteiros na basílica. Encontrar-se ao lado de Ambrósio, poder conversar com ele, beneficiar-se dos seus profundos ensinamentos e, junto aos outros cristãos, lutar contra as prepotências imperiais foi para ela uma magnífica experiência de Igreja viva.

Depois de muitos maus-tratos imperiais, aos quais Ambrósio respondeu sempre com coragem, pronto a morrer do que a ceder às intimidações, os próprios soldados começaram a entrar na basílica para rezar e cantar com os fiéis. No final, a imperatriz foi obrigada a ceder e, na Quinta-feira Santa, 2 de abril de 386, deu ordens às tropas para que se retirassem. Ambrósio e a Igreja milanesa tinham vencido. Também Mônica fizera a sua parte. A alegria dos fiéis era imensa.

Durante sua estadia em Milão, consagrou-se a seguir em tudo as diretivas de Ambrósio, a quem tinha como o representante de Deus e pai de sua alma, mesmo se, em virtude disso, mais de uma vez tenha precisado renunciar a si mesma e aos seus costumes.

Era tradição na África, na celebração dos mártires, levar fogaças, pão e vinho para junto de seus túmulos. Pretendia-se com isso honrá-los. Depois, a comida e a bebida eram consumidas com os pobres. Mônica era fiel a essa prática, que cumpria com muita devoção. Também em Milão não havia renunciado a ela, mas, um dia, enquanto ia colocar os alimentos sobre o túmulo dos santos, um porteiro a deteve dizendo que era uma explícita proibição do bispo realizar tal prática.

Mônica, tão logo escutou tratar-se de uma ordem de Ambrósio, não insistiu sequer um momento. Para ela, era a voz do próprio Deus. Deu, assim, exemplo de como devem comportar-se os verdadeiros cristãos diante das diretivas dos pastores, que, iluminados por Deus e com a graça do seu estado, dispõem tudo para a pureza da doutrina e para o bem dos fiéis. De fato, nessas disposições, não há capricho ou obstinação dos pastores, mas são emanadas de motivos sérios e depois de madura reflexão, com o único intento de providenciar um bem maior e proteger de abusos.

Na verdade, nesse caso, o motivo da proibição de Ambrósio era o perigo da superstição intrínseco naqueles costumes que imitavam as festas "familiares" dos pagãos, nas quais se manifestava a crença de que os mortos tinham necessidade de comer e que se consolavam com o ato de piedade dos parentes. Além disso, verificavam-se abusos por parte de alguns, que, nessas circunstâncias, acabavam se embriagando em virtude de passarem de um túmulo a outro fazendo libações por toda parte.

Nada disso, nem mesmo de longe, pensava a piedosa viúva Mônica. Suas intenções limitavam-se ao gesto simbólico em honra dos mártires: alimentar os pobres e, na sua comprovada sobriedade, apenas encostava os lábios no cálice do vinho que, além de tudo, era sempre misturado com muita água. No entanto, compreendeu que, se o venerado prelado tinha disposto assim, a coisa deveria ser mais do que justa. Entendeu que se tratava de uma diretiva geral, ainda que no seu caso particular não houvesse nenhum dos perigos que o bispo queria afastar. Então, por obediência e para o bem de todos, sacrificou a sua devoção. Ela continuou a frequentar os túmulos dos mártires,

> mas, ao invés do cesto cheio dos frutos da terra, passou a levar [...] um coração cheio dos mais puros sentimentos. Assim, dava aos pobres aquilo que podia e celebrava nesses lugares a comunhão com o Corpo do Senhor, pois foi imitando-lhe a paixão que os mártires foram imolados e coroados.[3]

---
[3] *Conf.* VI, 2, 2.

A obediência imediata de Mônica, como nota Agostinho, era outro sinal da devoção e da veneração que tinha por Ambrósio, em quem via o instrumento da salvação do filho.

Outro costume que Mônica tinha em Tagaste era o de jejuar aos sábados. Na Igreja milanesa, porém, no sábado comia-se normalmente. Mônica estava em dúvida sobre como comportar-se, enquanto Agostinho, com quem vivia e sentava-se à mesma mesa, não dava nenhum peso a essas coisas, pois ainda não era batizado. Contudo, notando a ansiedade da mãe, quis aliviá-la daquela dúvida perguntando pessoalmente a Ambrósio o que fazer. Ele respondeu:

O que posso ensinar aos outros além daquilo que eu mesmo faço? Quando estou aqui em Milão, não faço jejum aos sábados. Ao contrário, quando me encontro em Roma, jejuo aos sábados. Por isso, observai em toda parte o uso da Igreja na qual vos encontrais, pois de outro modo poderíeis receber ou causar escândalo.[4]

Resposta cheia de sabedoria que denota toda a prudência pastoral de Ambrósio. Quando não há questões dogmáticas ou ordens precisas de Cristo, todo costume que não seja intrinsecamente mau tem o seu pró e o seu contra. Fica sob a responsabilidade dos pastores, que veem as coisas sob uma ótica mais ampla, estabelecer como é melhor fazer em determinadas circunstâncias de pessoas e ambientes. Por isso, para onde quer que se vá, é preciso desapegar-se dos usos de seu lugar de origem e adaptar-se aos daquela outra localidade.

Assim como Paulo se fazia bárbaro com os bárbaros e cita com os citas, também Mônica, a quem certamente não faltava o sentido eclesial, aceitou todos os usos da Igreja milanesa, ainda que precisasse cortar costumes cultivados

[4] *Ep.* 36, 14-32.

desde a infância. Quando Agostinho contou-lhe a resposta de Ambrósio à sua pergunta, ficou satisfeita e logo colocou em prática as diretivas do bispo a respeito do jejum.

Vimos, através da participação de Mônica na ocupação da basílica Porciana, o quanto ela estava inserida na comunidade cristã de Milão. Não se julgava uma estrangeira, sabendo muito bem que a Igreja de Deus está espalhada por toda a terra e que os cristãos são concidadãos dos santos e irmãos uns dos outros. Participava plenamente de todas as alegrias, sofrimentos, esperanças e dos temores da Igreja na qual se encontrava.

Também Agostinho seguia suas vicissitudes, embora um pouco a distância. Ele narra sua emoção ao ouvir cantar na igreja os hinos sagrados e em constatar os feitos prodigiosos que aconteciam por obra de Ambrósio, a quem o Senhor estava gratificando sempre mais, para que triunfasse sobre seus inimigos.

Pouco tempo depois do episódio da basílica Porciana, o santo tinha, por particular revelação do Senhor, descoberto o lugar da sepultura dos santos mártires Gervásio e Protásio. A solene transladação destas veneráveis relíquias à basílica ambrosiana encheu todo o povo de alegria, e Mônica, sempre entre os fiéis mais fervorosos, também exultava junto com o bispo pela generosidade do Senhor, que, assim, recompensava delicadamente todas as perseguições que tinha sofrido por ele.[5]

---

[5] Para todo este capítulo, cf.: PAREDI, A. *Sant'Ambrogio e la sua età*. Milano: Hoepli, 1960 (com exaustiva documentação).

Capítulo 9

RUMO À CONVERSÃO DE AGOSTINHO

"Os puros de coração verão a Deus."[1] O maior problema de Agostinho eram as suas paixões e, sobretudo, a sua sensualidade. "Aspirava às honras, às riquezas, ao matrimônio"[2] — assim ele descreve a si mesmo naquele período. Sua genial inteligência pairava através do oceano do pensamento. Ambrósio lhe dava continuamente ocasiões para refletir e ele, cada vez mais, se dava conta da inconsistência das ideologias com que tentava resolver os problemas da vida; cada vez mais, compreendia que o dom da verdade total vinha de Cristo... mas não se decidia. Muitos laços mantinham seu coração preso, muitas escravidões pesavam sobre sua vontade e não tinha força para libertar-se delas. O seu olhar não era límpido e não podia ver a Deus.

Mônica, com a oração, apressava dia a dia a conversão do filho. Contudo, como sábia e prudente mulher, queria também preparar-lhe o caminho. Agostinho vivia praticamente numa situação de concubinato. Nessas condições, mesmo se o tivesse querido, jamais poderia receber o Batismo. Por isso Mônica empenhou-se em regularizar aquela situação.

O mais lógico que se poderia esperar teria sido a celebração de um casamento oficial com a mulher que, havia 15 anos, estava ao lado de Agostinho, a quem ele amava

---

[1] Mt 5,8.
[2] *Conf.* VI, 6, 9.

ternamente e de quem recebera a alegria de ter um filho como Adeodato. Mas isso não aconteceu.

Aquela mulher, que para nós permanecerá sempre sem nome, precisou separar-se do homem que há tanto tempo amava e servia com fidelidade, a quem seguira em muitas peregrinações, ao qual tinha dado imensa felicidade e que sempre tinha consolado nas frequentes angústias e dificuldades. Voltou para a África com o firme propósito de não desposar nenhum outro homem, mas de consagrar toda a vida ao Senhor, entrando num mosteiro. Sentimos uma profunda compaixão por essa criatura constrangida a passar por cima dos seus sentimentos e a interromper uma condição de vida de maneira mais brusca e lancinante do que a própria morte. Também para Agostinho a separação causou uma dor enorme: o coração lhe sangrava e a ferida aberta só se cicatrizou com a conversão.[3]

Mas por que isso aconteceu? Como Mônica podia ser tão ingrata e insensível à dor do filho e da sua companheira? Agostinho não satisfaz a nossa curiosidade com um motivo exato. Por isso não se pode fazer outra coisa a não ser levantar hipóteses. Alguns acreditavam que a companheira já era consagrada a Deus e, portanto, o casamento não podia ser celebrado. Mas, nesse caso, o bispo poderia dispensá-la do voto e Agostinho e Mônica, que tanto amavam aquela doce mulher, o teriam certamente solicitado.

Outros cogitaram motivos de ordem contingente, como o financeiro ou outros motivos terrenos. Mas isso teria sido indigno de Mônica, que acima de todas as coisas terrenas punha as espirituais. Ademais, Agostinho jamais teria acei-

---

[3] *Conf.* VI, 15, 25.

tado algo assim — se amava tanto aquela mulher e o amor crescera depois de tantos anos de vida comum, certamente não lhe faltavam nem dotes físicos nem qualidades espirituais para poder estar ao lado de um espírito tão profundo como o seu, razão pela qual, para tê-la consigo, sem dúvida teria passado por cima de qualquer consideração.

A única hipótese plausível permanece aquela de um impedimento objetivo, insuperável, fundado sobre as leis daquele tempo. A *Lex Iulia maritandis ordinibus* proibia o matrimônio de um cidadão romano com certas classes de pessoas, como as escravas alforriadas e as atrizes. Por causa dessas proibições, firmou-se sempre mais o concubinato no lugar das *iustae nuptiae*. De fato, referimo-nos à união de Agostinho com aquela mulher como a um concubinato.

Se Agostinho e Mônica, para sanar a situação, embora com o coração estraçalhado, devem tomar a decisão de enviar de volta a companheira anônima, e se ele não lança nenhuma culpa na mãe, nem em ninguém, então significa que essa mulher pertencia a uma classe social, como a servil ou a dos alforriados, para a qual o matrimônio com os cidadãos romanos de certa condição estava proibido.

De qualquer forma e, acima de tudo, naquilo que se queira pensar sobre as várias hipóteses, vemos nessa dolorosa separação um desígnio da Providência Divina, que, se pede um sacrifício, dá o cêntuplo sobre esta terra e, sobretudo, na vida eterna. Se Agostinho tivesse se casado naquele momento, jamais teríamos tido o bispo de Hipona.

Quanto à mãe de Adeodato, não sabemos mais nada. Agostinho não fala mais sobre ela e não lhe revela sequer o nome, porque devia estar ainda viva quando escrevia. Mas, certamente, terá encontrado a sua plena felicidade na consagração ao Senhor. Não devia ser uma pessoa passional como Agostinho, se teve a força de separar-se e fazer o voto de não se casar. Agostinho reconhece que sobre tal ponto era melhor do que ele, que não conseguiu, naquela época, imitá-la, mas sentiu a necessidade de tomar outra mulher, porque era escravo do prazer.[4]

Também do mosteiro, já sossegadas as paixões, aquela mulher seguiu as vicissitudes do grande Agostinho, comoveu-se com a prematura morte do filho Adeodato e alegrou-se com a obra do bispo de Hipona, que ilustrava toda a Igreja. Depois de uma vida de oração e santidade em que, como Agostinho, reparou abundantemente os pecados da juventude, não podemos deixar de pensar que esteja na glória dos céus, ao lado do grande doutor, ali onde não existem mais diferenças terrenas, mas onde Deus é tudo em todos.

Uma vez dado o primeiro passo para desimpedir o caminho de um matrimônio impossível ante as leis daquele tempo, Mônica — que via sempre o casamento do filho como uma premissa necessária para poder pedir o Batismo, pois sabia muito bem que ele não tinha condições de ficar sem mulheres — procurou em Milão uma moça de boa família com quem Agostinho pudesse contrair núpcias regulares. Encontrou-a e Agostinho ficou satisfeito com aquela escolha. Fez-se o pedido aos pais, que o aceitaram, mas a jovem ainda não estava pronta para o casamento; faltavam-lhe dois anos para que fosse núbil.

Segundo a lei romana, era preciso ter 12 anos para casar-se, portanto a menina deveria ter dez. Em virtude da grande diferença de idade — Agostinho deveria ter, então, o

---

[4] *Conf.* VI, 15, 25.

triplo de sua futura esposa —, vários autores pensam que não se deve tomar ao pé da letra no sentido jurídico esta "idade núbil". Provavelmente, seriam necessários dois anos para organizar tudo em vista do casamento. Mas Agostinho não se sentia disposto a esperar, não conseguia viver sem uma mulher do seu lado. Por isso, enquanto esperava, tomou para si outra mulher, sem dúvida não para esposa, mas apenas para dividir o leito.

Nesse ínterim, com os amigos que o seguiam em Milão, queria abrir um cenóbio filosófico para a busca da verdade. Mas como podia fazer isso se o seu espírito estava sempre sobrecarregado com os desejos da carne? Em especial Alípio, o amigo do coração, que era um pouco mais jovem e que, após ser seu aluno em Tagaste e em Cartago, tinha-o precedido em Roma para estudar Direito e depois o seguira a Milão, dizia-lhe sempre com palavras claras que nada poderia ser feito se ele não conseguisse libertar-se das mulheres.

Alípio, depois de alguns erros da juventude, nos quais se deixara arrastar sobretudo pelos espetáculos violentos do circo, vivia agora em continência perfeita e dava a Agostinho o seu testemunho em favor daquele gênero de vida, único que permitia realizar o propósito de formar uma comunidade para dedicar-se às coisas do espírito. Agostinho gostaria de segui-lo, mas não conseguia. Aos entusiasmos momentâneos, logo seguia-se o apelo da carne. A Alípio tinha-se juntado Nebrídio, que deixara Cartago para ir a Milão somente com o intuito de viver junto a Agostinho. Vieram também o benfeitor Romaniano e outros amigos. O fervor filosófico era grande.

No plano intelectual, Agostinho já havia percorrido um bom pedaço do caminho. Depois de ter vencido o maniqueísmo, superou também o ceticismo, o materialismo, o naturalismo. Mas a vitória sobre os erros não era tudo; faltava-lhe ainda a vitória sobre as paixões. Depois de ter lido os neoplatônicos Plotino e Porfírio, que lhe davam uma ideia de Deus muito mais espiritual do que a maniqueísta, foi desembocar na leitura de São Paulo. Essa leitura, que integrava e purificava todos os elementos de verdade anteriormente adquiridos, aplainou o caminho para a sua lenta e complexa conversão. Tratava-se agora apenas de pôr em prática aquilo de cuja teoria estava convencido.

Nesse estado de espírito dirigiu-se a Simpliciano, o venerando sacerdote da Igreja milanesa. Dele já dissemos anteriormente que foi preceptor de Ambrósio e era pessoa douta e santa. Agostinho abriu-lhe plenamente o coração, com tudo aquilo que lhe afligia. Simpliciano compreendeu que, naquele ponto, Agostinho não tinha outra necessidade senão de estímulo e de exemplos que o ajudassem a decidir-se a mudar de vida. Falou-lhe de Mário Vitorino, o grande professor de retórica pagão, também ele africano, que tinha traduzido para o latim os livros neoplatônicos que o próprio Agostinho lera.

Esse famoso orador, depois de ter escarnecido de todos os modos a religião cristã nos seus escritos e discursos, tendo chegado agora à soleira da velhice, teve a coragem de converter-se e fazer a profissão de fé diante de todos, não se importando com seus amigos e protetores, que eram pagãos. Por causa disso, prontamente renunciou a suas aulas e fechou sua escola, quando Juliano Apóstata, em 362, proibiu que os cristãos ensinassem.

O colóquio com Simpliciano marcou profundamente o coração de Agostinho. Alguns dias depois, encontrou-se com Ponticiano, um amigo africano que estava em Milão desempenhando um importante cargo na corte imperial. Ponticiano era cristão e alegrou-se ao ver sobre a mesa de Agostinho as cartas de São Paulo. À medida que falavam, a conversa foi cair em Antão, o fundador da vida anacoreta, que morrera trinta anos antes. Ele tivera a coragem de abandonar tudo e retirar-se ao deserto, numa vida de oração e penitência, pois escutara e acolhera a voz do Senhor, que lhe dizia para vender tudo, dar o dinheiro aos pobres e segui-lo.

À história da conversão de Antão Ponticiano acrescentou a de dois oficiais amigos seus, com os quais tinha ido passear nas planícies perto de Tréveros, os quais, tendo encontrado alguns monges em uma cabana, resolveram ficar para conversar. Quando retornou, encontrou-os firmes no propósito de dedicarem-se a Deus na vida monástica, apesar de estarem na graça do imperador e terem diante de si uma brilhante carreira, além de serem noivos comprometidos. As próprias noivas, ao saberem do acontecido, fecharam-se num mosteiro.

Todos esses exemplos de conversão eram como um golpe de misericórdia na vontade rebelde de Agostinho e o colocavam em tal estado de agitação que não fazia outra coisa a não ser chorar. Combatia uma dura batalha: de um lado, via a verdade de Cristo e a beleza do ideal cristão; de outro, via a si mesmo degradado no lodo das paixões, escravo do orgulho, da carreira e, sobretudo, da carne. Desabafou-se com o fidelíssimo Alípio, dizendo:

> Que esperamos? Escutaste? Os ignorantes se erguem e conquistam o Reino dos Céus, e nós, com todas as nossas doutrinas, estamos sem coração e nos debatemos na carne e no sangue! Talvez nos

envergonhemos de segui-los, pois nos precederam, mas não nos envergonhamos de não sermos capazes nem mesmo de os seguir?![5]

Estava irritado consigo por não saber encontrar a força para acabar com isso e por deixar a solução sempre para o dia seguinte.

Enquanto estava dominado por essa terrível luta interior, escutou vir da janela de uma casa próxima ao jardim onde se encontravam a voz de um menino que dizia: "Toma e lê, toma e lê!". Não eram palavras ditas ao acaso, mas o próprio Deus queria, daquela maneira, falar ao seu servo. Agostinho correu para a mesa onde tinha deixado as cartas de São Paulo, abriu uma página qualquer e os seus olhos caíram sobre o versículo: "[...] nada de orgias e de bebedeira; nada de devassidão e de libertinagem; nada de rixas e ciúmes. Ao contrário, revesti-vos do Senhor Jesus Cristo e não façais caso da carne nem lhe satisfaçais os apetites".[6]

Era a resposta do Senhor às suas angustiantes perguntas.

Levou o livro a Alípio, que leu o trecho e o continuou até o primeiro versículo do capítulo seguinte: "Acolhei entre vós aquele que é fraco na fé", e aplicou essas palavras a si, dado que, casto como era, não se identificou com as precedentes. Estava feito. A graça de Deus tinha triunfado. Agostinho era outra pessoa e, junto com Alípio, decidiu mudar de vida.

A quem mais do que Mônica essa notícia agradaria? Agostinho não quer guardá-la para si, e apressa-se a ir dar à mãe aquela grande alegria:

De lá, fomos para junto de minha mãe e lhe narramos tudo. Ficou

---

[5] *Conf.* VIII, 8, 19.
[6] Rm 13,13-14.

radiante. Contamos para ela como acontecera. Não parava de exultar, de rejubilar-se e louvava a ti, que podes fazer muito mais do que pedimos e compreendemos,[7] pois via que lhe tinhas concedido muito mais do que costumava pedir para mim nos seus piedosos e amargurados gemidos. Assim, de tal forma me converteste para ti que já não buscava mais sequer uma mulher, nem punha nenhuma esperança nas coisas terrenas, e me encontrava naquela viga da fé sobre a qual, muitos anos antes, tinhas me mostrado a ela em sonho. Mudaste o seu luto em alegria, alegria muito maior do que teria desejado e muito mais preciosa e pura do que poderia esperar dos netos que lhe poderiam ser dados pela minha carne.[8]

Naquele dia Mônica era a mulher mais feliz do mundo. Toda uma vida de lágrimas e de orações tinha, pela graça de Deus, encontrado o seu feliz epílogo. Deus não podia resistir às suas contínuas e confiantes orações. Nos colóquios de Cassicíaco, Agostinho, dirigindo-se à mãe, dirá:

> Rezemos, então, não para obter riquezas, ou honras, ou outras coisas desse gênero, que são fortuitas, instáveis e, apesar de todo esforço, passageiras, mas aquelas que nos tornam bons e felizes. Para que esses desejos felizmente se realizem, a ti de modo especial, ó mãe, confio tal encargo, pois que, por tuas orações — eu o creio firmemente e sem nenhuma dúvida —, Deus me concedeu este entendimento de não antepor absolutamente nada à busca da verdade, de não querer outra coisa, de não pensar em outra coisa, de não amar outra coisa. Também não posso deixar de crer que alcançarei, se tu o pedires, esse grande dom que comecei a desejar por teu mérito.[9]

E noutro lugar, Agostinho afirma: "Demonstrei nas minhas confissões que a minha salvação me foi concedida

---

[7] Ef 3,20.
[8] *Conf.* VIII, 12, 28-30.
[9] *De ordine* II, 20, 52.

pelas lágrimas sinceras que todos os dias minha mãe derramava por mim".[10]

Gostaríamos de entrar no coração de Mônica nesse momento culminante de sua vida. Tinha vivido só para ver seu filho convertido e discípulo do Senhor — ela mesma o dirá também na iminência da morte, nos períodos de lucidez entre um surto de febre e outro. A sua própria figura na hagiografia e na história da Igreja é caracterizada por essa relação de oração e lágrimas pelo filho Agostinho e o intento de fazê-lo voltar ao caminho reto. Agora, depois de tantas orações, de tantos sacrifícios para segui-lo e estar ao seu lado, finalmente tinha a certeza de que seu sonho estava realizado.

Existem momentos na vida em que temos a impressão de tocar o céu. A alegria que se degusta é como que uma antecipação da bem-aventurança eterna, uma experiência que nos faz intuir o que será a felicidade que Deus prepara para aqueles que o amam.

Para Mônica, a alegria pela conversão do filho Agostinho supera em muito a que teve, por pouco tempo, quando o marido Patrício recebeu o Batismo. A conversão de Patrício, na verdade, embora sendo sincera — do contrário não teria tido sentido o seu Batismo —, não fora assim tão radical e fruto de grande busca e esforço interior como a de Agostinho. Era muito mais um render-se àquela evidência que Mônica sempre mostrara em sua vida do que uma escolha querida por si mesma e de maneira absoluta. Era muito mais um modo para reconhecer, depois de todas as resistências que lhe tinha oposto, que o caminho dela era o caminho certo. Não houve,

---

[10] *De dono perseverantiae* 20, 53.

então, em Patrício aquele entusiasmo e aquele impulso que Mônica via agora em Agostinho.

Além disso, enquanto o influxo negativo do paganismo de Patrício se resolvia no âmbito das quatro paredes da família ou, no máximo, entre as amizades que frequentava na pequena cidade de Tagaste, a posição de Agostinho, como filósofo conhecido e estimado, amplificava, para o bem e para o mal, as suas escolhas, que, caso fossem negativas, teriam prejudicado um número bem maior de pessoas. Por fim, o amor de uma mãe por seu filho supera também aquele que tem por seu esposo e, ainda mais, Mônica tinha empenhado toda a sua vida em função da conversão do filho.

Por todos esses motivos podemos imaginar a plenitude de consolação que o Senhor lhe dava. Via cumprirem-se as palavras proféticas do bispo de Madaura: "Não é possível que se perca um filho de tantas lágrimas!". Sentia como o Senhor é bom, e o seu coração estava cheio de gratidão, não desejando agora outra coisa senão ver o dia do Batismo do filho.

A maneira de agir do Senhor é a mesma hoje, como o fora naquele tempo. Que conforto para as mães cristãs que choram os desvios de seus filhos saber que as lágrimas e orações insistentes obterão, também para elas, a alegria de ver seus filhos converterem-se como Agostinho!

CAPÍTULO 10

A CHÁCARA DE CASSICÍACO

A decisão de converter-se e deixar tudo, que tanto encheu de alegria o coração de Mônica, foi tomada por Agostinho em agosto de 386. A primeira coisa a abandonar era a escola que prosseguia até os meses de verão. Agostinho raciocinou com prudência e achou que não seria o caso de provocar uma discórdia com a sua repentina demissão daquele cargo público. Faltavam poucos dias para as festas da vindima e resolveu esperar até aquele momento para despedir-se dos alunos. Depois, dado que sofria de asma, poderia apresentar motivos de saúde para não retomar as aulas, quando a escola reabrisse as portas. Nesse meio tempo, a quem cabia tal obrigação, já teria providenciado sua substituição.

Havia também a prometida esposa, que esperava o dia para contrair as núpcias. Mônica pensou nela. Com todo o seu tato, explicou-lhe a situação a fim de que não houvesse ofensas ou ressentimentos.

Mas como realizar esse propósito em meio aos rumores da cidade e aos falatórios provocados por sua causa? Um amigo seu, cujo nome era Verecundo, colega no ensino da retórica, veio em sua ajuda. Possuía uma chácara em Brianza, a cerca de trinta quilômetros de Milão, numa localidade chamada "Cassiciacum", hoje Cassago,[1] e de boa vontade

---

[1] A identificação de Cassiciacum com Cassago, em Brianza, parece a melhor e julgamos que se possa descartar a identificação com Casciago, na província de Varese. Além

a colocou à disposição dos amigos, lamentando apenas não poder fazer parte do grupo, pois tinha esposa e, além disso, não podia deixar a escola de retórica. Também ele aspirava a tornar-se cristão e teria escutado de coração aberto as colocações de Agostinho sobre a verdade e o bem.

Outro amigo muito caro a Agostinho, Nebrídio, não se retirou para Cassicíaco. Não havia um motivo preciso. Permaneceu em Milão por alguns dias com o propósito de reunir-se aos amigos o mais depressa possível, mas a espera se prolongou dia a dia até que Agostinho e os outros retornaram a Milão para se inscreverem entre os batizandos da próxima Páscoa. Também Nebrídio tinha seguido Agostinho no maniqueísmo e na astrologia, mas os abandonou antes dele, ou melhor: estava entre aqueles que o convenceram do erro.

O único rastro que trouxera do maniqueísmo foi a concepção docetista da humanidade de Cristo, ou seja, negava a realidade da Encarnação. Mas depois de pouco tempo que Agostinho tinha recebido o Batismo, converteu-se plenamente e o recebeu também ele. Uma vez de volta à África, não aderiu à vida monástica com seu grande amigo, mas empenhou-se em converter toda a sua família — o que conseguiu logo e muito bem. Teve apenas o tempo de terminar essa missão, pois, entre 390 e 391, morreu provavelmente de tuberculose, contraída no clima pouco saudável da Lombardia.

Excetuando Nebrídio e Verecundo, todos os demais amigos de Agostinho estavam presentes em Cassicíaco. Além de Agostinho e Mônica, estavam o fidelíssimo Alípio; Naví-

---

disso, a pronúncia exata seria "Cassiaco", mesmo se a tradição, a partir de Maurini, lê "Cassiciaco". Cf. a propósito a edição crítica das *Confissões* organizada por A. C. Vega, Madrid: B.A.C., 1963, livro IX, n. 11, p. 370. Segui essa edição sobretudo para as notas sempre exatas e exaustivas, embora algumas conclusões sejam dadas como certas de uma maneira muito fácil.

gio, irmão de Agostinho e já batizado; Licêncio e Trigésio, seus alunos; os primos Lastidiano e Rústico e, por fim, o filho Adeodato, que era o mais jovem de todos. Romaniano, que havia pouco tempo tinha superado a ameaça de uma guinada da sorte, ajudou-os generosamente, como sempre, com as despesas que deviam assumir. Alguns, como Alípio, Navígio e Adeodato, já o conheciam. Licêncio era o filho de Romaniano, um jovem fogoso, mas pouco inclinado à filosofia e à religião. Era aluno de Agostinho, assim como Trigésio, que se dedicara à filosofia depois de ter deixado a vida militar. Lastidiano e Rústico não tinham grande cultura, tendo frequentado apenas os estudos primários sem chegar sequer à escola de gramática. Contudo, Agostinho os admitiu aos debates, para os quais eram necessários apenas o bom senso e a capacidade de raciocinar.

Mônica os seguiu com o intuito de prover as necessidades da casa, talvez ajudada por algum colono do lugar. Mas queria que sua presença fosse, acima de tudo, discreta, ao lado do filho que se preparava para o grande passo do Batismo.

A chácara de Verecundo devia ser um pouco mais do que uma casa de campo, com cômodos amplos, quartos suficientes, sala de banhos, mas sem nada de suntuoso e de rebuscado. Ali havia uma atmosfera de simplicidade e sobriedade que vinha bem a propósito para o caso de Agostinho e seus amigos. Era particularmente útil o jardim gramado e as árvores, à sombra das quais se sentavam nos dias ensolarados. Em troca da vigilância dos camponeses, Agostinho tinha a possibilidade de colher frutos da horta e do pomar para não onerar por demais as despesas.

O outono incipiente se mostrava no ar mais fresco depois das chuvas que amenizavam os ardores do verão.

Os frutos maduros pendiam das árvores, os cogumelos despontavam no bosque úmido. A estação propícia, junto à paz e à tranquilidade do campo, convidava à interiorização, a encontrar o repouso e o alimento para a alma na meditação. Era exatamente o ideal para aqueles jovens fervorosos em vigília pelas grandes escolhas da vida.

Mônica, com sua delicada sensibilidade feminina, trazia aquele toque de afetividade e desvelo materno de que tinham necessidade. Providenciava e preparava com cuidado a comida simples e saborosa, arrumava os quartos e mantinha tudo em ordem. Essa conduta de amor e serviço que sempre tivera com relação ao filho ela a estendia aos outros, que, no fundo, tratava também como filhos e de cuja salvação espiritual era igualmente solícita. Servira por tantos anos ao marido Patrício e tinha conduzido a casa de Tagaste sempre com sabedoria e competência, considerando todas as exigências, conquistando a estima da sogra e dirigindo com autoridade e prudência a criadagem.

Agora era ela que tomava a frente, em primeira pessoa, do andamento da casa, colocando toda a sua experiência e afeto a serviço daqueles jovens amigos empenhados na busca da verdade e no progresso espiritual. Era tão grande o desejo de ser útil para o bem espiritual do filho e dos outros membros do grupo que não poupava atenções e cuidados, incumbindo-se de trabalhos e fazendo sacrifícios que não eram insignificantes. Mas isso, para ela, já era como uma segunda natureza.

Os jovens tinham começado a ler os salmos, que eram o alimento diário na oração de Mônica. Ela os explicava a eles com a simplicidade e a profundidade das coisas vividas. Ensinava-lhes os hinos que tinha cantado com todo o ardor da alma nas horas angustiantes da ocupação das basílicas e, depois, nas celebrações ordinárias que se davam na Igreja de Milão. No *De ordine*,[2] lemos que Licêncio tinha aprendido com Mônica a cantar os salmos. Agradava-lhe a melodia e andava cantando sozinho: "Deus virtutum converte nos et ostende faciem tuam e salvi erimus".[3]

Mônica, que era religiosíssima, teve de repreendê-lo porque, certa noite, cantou em voz alta o refrão também quando estava num lugar apartado para satisfazer suas necessidades corporais. Disse-lhe que não era respeitoso cantar os salmos naquele lugar. Licêncio respondeu: "E se um inimigo me tivesse fechado neste lugar, Deus não teria escutado a minha voz?". Na manhã seguinte, apressou-se em ir ao leito de Agostinho e contou-lhe com preocupação que cantara cânticos sacros naquele lugar. Agostinho o consolou dizendo-lhe que, certamente, Deus o tinha escutado e, ademais, aquele lugar se adaptava muito bem ao cântico, pois Deus nos converte das baixezas corporais e espirituais para que possamos ver sua face.

Nas reuniões comuns Mônica procurava transformar cada dissertação em oração. Numa palavra: em meio àquele grupo de recém-convertidos, fazia as vezes de guia perita na fé, um pouco como Maria em meio aos apóstolos no cenáculo.

Aqueles estavam, sem dúvida, entre os dias mais belos de sua existência terrena. Encontrava-se naquele ideal de vida que sempre desejara: todos aqueles amigos formavam uma espécie de família, sem contrastes ou ciúmes, mas ani-

---

[2] *De ordine* I, 8, 22-23.
[3] Sl 79,8.

mados pelo amor fraterno. O único ideal que unia a mente e o coração de todos era a verdade, o bem, o belo, tudo que conduzia a Deus como raiz e fonte.

Quanto tinha desejado, durante toda a vida, por ver o filho em posse da verdade! Agora não só ele chegara, mas tinha conduzido outros a esse ponto e era certo esperar que ainda conduziria muitos outros para o caminho da retidão.

O seu coração estava no auge da alegria e a sua oração tinha mudado de estilo: não mais lágrimas, mas apenas louvor, exaltação e agradecimentos ao Senhor, que não só realizara seus desejos, mas os superara infinitamente. E o mais belo ainda estava por vir. Mônica só o contemplaria do paraíso, mas aqueles dias felizes transcorridos em Cassicíaco foram uma antecipação.

Oração, escuta da Palavra do Senhor, meditação, partilha fraterna, tudo dentro de um ambiente de fé e serenidade, distante dos aborrecimentos e das preocupações da cidade... Que mais poderia desejar? De sua parte, teria prolongado aquela estadia ao infinito, se não tivesse a pressa de assistir, finalmente, ao Batismo do filho e de todos os que com ele estavam se preparando para tão importante acontecimento.

Capítulo 11

MÔNICA FILÓSOFA

Mônica, Agostinho e seus amigos passaram em Cassicíaco cerca de seis meses, de setembro de 386 a março de 387.

Mônica não teria desejado participar das discussões filosóficas, com o pretexto de não ter cultura e de não estar à altura das sutis especulações. Mas Agostinho a queria presente. Nesse caso, ela se põe como uma precursora da cultura feminina. Na Antiguidade se conhecem mulheres poetas, mas não aficionadas da filosofia. Por isso a participação de Mônica nas questões filosóficas, feita imortal por Agostinho nos diálogos de Cassicíaco, constitui um fato novo e importante na história da cultura. A sua admiração pela mãe era, em parte, devido ao afeto filial, mas havia também um fundamento objetivo na mente aguçada de Mônica, na sua penetração singular em todas as questões.

Para repetir Platão, nela havia um amor e um parentesco com a verdade que se revelam apenas aos puros de coração. Atingira o cume da filosofia, isto é, a verdadeira sabedoria, porque, no seu espírito límpido, Deus se refletia como que num espelho e, vendo as coisas do próprio ponto de vista de Deus, sabia discernir aquilo que vale, porque é eterno, daquilo que não vale, porque é efêmero. Suas intervenções eram sempre simples e, ao mesmo tempo, exatas e profundas. Sua contribuição à reflexão comum manifestava sempre a riqueza que possuía dentro de si.

Nesses diálogos Agostinho se revelava um grande mestre e fino pedagogo. Dirigia sabiamente a discussão e, com a arte maiêutica,* de socrática memória, deixava todos à vontade para que pudessem exprimir, da melhor maneira e completamente, o seu pensamento. Assim, saía dos esquemas escolares da época, demonstrando-se um autêntico educador, no sentido etimológico da palavra (do latim *educere* = tirar para fora), e um formador de personalidades, não em série, mas autônomas e criativas. Das fervorosas e fecundas discussões de Cassicíaco, chegaram-nos anotações estenográficas que nos fazem quase reviver a cena e a atmosfera daqueles dias.

Para conhecer a inteligência de Mônica e sua propensão filosófica, é sobretudo importante o diálogo *De beata vita*, que durou três dias, de 13 a 15 de novembro de 386.

No dia 13 de novembro Agostinho fazia 32 anos e é justamente essa anotação do diálogo que nos permite conhecer com exatidão a data do seu nascimento. Também para essa ocasião Mônica tinha preparado uma refeição frugal, como fazia todos os dias, para que o espírito não se sentisse pesado e cortasse as asas da contemplação. Depois do almoço, Agostinho e os outros oito membros do grupo, que são expressamente nomeados, com um particular elogio para Adeodato, por causa da sua inteligência muito promissora, reúnem-se. A questão abordada é a da felicidade: "De onde vem? De que modo o ser humano pode ser feliz?".

---

* Trata-se do método usado por Sócrates em que se multiplicam, de modo dialético e pedagógico, perguntas e questionamentos, de modo a induzir, a partir de exemplos concretos e particulares, a um conceito geral e universal sobre o objeto em questão. (N.T.)

Agostinho parte da composição do ser humano em alma e corpo, coisa que todos consideram certa, exceto Navígio, que acaba sendo convencido mediante uma série de perguntas apropriadas, às quais ele mesmo dá a resposta correta. Dos dois componentes, alma e corpo, este último se nutre do alimento e, assim, cresce e se fortalece. Mas para a alma não há outro alimento? Aqui intervém Mônica, com uma memorável resposta: "Certamente! Não creio que a alma se alimente de outra coisa que não seja a ciência e a compreensão das coisas".

Eis delineada em palavras simples a teoria do conhecimento, que constitui o ponto nodal de toda a filosofia. Mônica não sabia nada a respeito do platonismo ou do aristotelismo, mas com a sua aguçada inteligência exprime com simplicidade aquilo que é deduzido da experiência, tirando-lhe um princípio universal: o ser humano faz a experiência das coisas que o circundam, compara-as, descobre o que têm em comum, levanta as hipóteses, verifica-as, extrai-lhes as leis, isto é, compreende a natureza das coisas, tal como exprime o livro do Gênesis[1] com o simbolismo da imposição do nome às criaturas, que significa o reconhecimento de sua natureza. Mônica quer dizer que é através do conhecimento, ou seja, da compreensão das coisas, que a alma se alimenta; no sentido de que o ser humano, crescendo no conhecimento, cresce na sua dimensão espiritual que o caracteriza.

Trigésio manifesta suas dúvidas sobre o argumento e Mônica lhe explica dizendo:

> Mas tu mesmo não mostraste hoje do que e de onde a alma se alimenta? De fato, há pouco, depois de ter iniciado o almoço,

---

[1] Gn 2,19-20.

> disseste que não tinhas percebido que prato estávamos comendo, porque estavas pensando não sei em quê. Contudo, não deixaste de lançar a mão ao prato e de levar tua porção à boca. Então, onde estava a tua alma durante o tempo que estava ausente e que tu comias? Desses alimentos — acredita-me — é que a alma se nutre, isto é, de suas teorias e dos seus pensamentos, para poder compreender alguma coisa.[2]

Agostinho tenta esclarecer ulteriormente o pensamento de Mônica, fazendo notar — e ninguém podia discordar — que os espíritos dos seres humanos mais doutos são mais ricos e livres do que aqueles dos ignorantes, que, espiritualmente, podem ser denominados em jejum e famintos. Trigésio retrucou que também as almas dos ignorantes estão cheias, ainda que de vícios e erros. Mas esses, responde Agostinho, não nutrem a alma e sim deixam-na com fome. Dessa forma, reconduz a conversa ao seu fluxo.

> A alma, então, necessita de alimento e, como há pouco nutrimos o corpo com o almoço, agora devemos nutrir também a alma. Se for sadia, desejará o alimento, mas, tal como acontece com o corpo, o recusará se estiver doente.[3]

Assim argumentava Agostinho, e todos concordaram e se declararam desejosos de alimentar o espírito.

O assunto dirigiu-se para a felicidade. Primeiramente, foi dito que não podia ser feliz aquele que não possuía o que desejava. Então, era feliz todo aquele que estava na posse do objeto de seu desejo? Mônica responde: "Se deseja coisas boas e as obtém, é feliz. Se, ao contrário, deseja coisas más, mesmo possuindo-as é infeliz".

---

[2] *De beata vita* 2,8.
[3] *De beata vita* 2,9.

Diz Agostinho: "Mãe, atingiste o próprio cume da filosofia, pois sem dúvida te faltaram as palavras precisas para te exprimires como Túlio,* que sobre esta questão pensa da mesma maneira. De fato, em *Hortensius*, um livro que ele escreveu em louvor e defesa da filosofia, afirma: 'Eis que homens — que não são filósofos e, contudo, assumem os ares de o ser em meio às discussões — dizem que são felizes aqueles que vivem a seu bel-prazer. Também isso é falso. Querer o que não convém é a pior desgraça. Não é maior infelicidade não possuir aquilo que se quer do que possuir aquilo que não convém. Na verdade acarreta mais mal o desejo perverso do que a riqueza de bens'".[4]

Mônica aprovou essas palavras com tantas exclamações que todos julgaram não ter entre si uma mulher, mas um grande homem. Agostinho, entretanto, buscava compreender de que divina nascente emanavam aqueles pensamentos, tão profundos, de Mônica. Sem ter frequentado a escola, através do seu contato com Deus e da sua sólida formação cristã, hauria tal sabedoria a ponto de ser invejada pelos filósofos de profissão.

A discussão prosseguiu esclarecendo que o bem que alguém possuir para ser feliz deve ser eterno e não efêmero. De fato, quem deseja e possui coisas perecíveis, que podem ser perdidas, não pode ser feliz. Consequentemente, só Deus, que é o Bem supremo e eterno, pode tornar-nos felizes. Mas quem tem a posse de Deus? "Quem vive bem", sustenta Licêncio. "Quem faz aquilo que Deus quer", reconhecem Trigésio e Lastidiano. "Quem não tem o espírito imundo", diz Adeodato, logo e plenamente aprovado pela avó Mônica.

Uma vez que a questão ia-se apresentando muito vasta e complexa, foi transferida para o dia seguinte. Como

---

* Trata-se de Cícero, cujo nome completo era Marcos Túlio Cícero. (N.T.)
[4] *De beata vita* 2,10.

sobremesa, ao término desse banquete espiritual, Agostinho quis aplicar aos Acadêmicos as conclusões a que tinham chegado a propósito da felicidade. Disse que os Acadêmicos não podiam ser felizes porque pensavam nunca poder atingir a verdade desejada e, se não podiam ser felizes, não eram sequer sábios, dado que a verdadeira sabedoria leva à felicidade. Licêncio, Trigésio e Navígio, que sabiam um pouco de filosofia, compreenderam o que Agostinho queria dizer, mas os outros, que ignoravam quem eram os Acadêmicos, ficaram alheios à conversa.

Mônica, então, em nome de todos, pediu ao filho que explicasse em poucas palavras quem eram os Acadêmicos. Depois que Agostinho o fez, Mônica saiu-se com esta fina frase espirituosa: "Estes homens são *caducarii* (nome com que o povo simples chama os epiléticos)!".[5] E a assembleia se desfez num riso geral.

No dia seguinte, a reunião começou, como sempre, depois do almoço e o debate foi retomado a partir das três definições que foram dadas sobre a posse de Deus. As duas primeiras queriam dizer a mesma coisa: viver bem não é outra coisa senão fazer a vontade de Deus. A terceira resposta — aquela de Adeodato — deveria ser analisada mais detalhadamente. Não ter o espírito imundo significa, para Adeodato, abster-se não só dos pecados da carne, mas de todo tipo de pecado. Abster-se do pecado, no fundo, significa viver bem e fazer a vontade de Deus. Então, em última análise, as três respostas podiam ser reduzidas a uma só. E todos concordaram.

---

[5] *De beata vita* 2,16.

Também no segundo dia é Mônica quem, com sua sabedoria, dá uma virada decisiva ao debate. Quem tem Deus em si? Deus não está em todos? Como pode ter Deus quem o está buscando? A todas essas perguntas Mônica responde: "Quem vive bem, possui a Deus, e Deus propício. Quem vive mal, possui a Deus, mas Deus adverso. Quem o busca e ainda não o encontrou, não o tem nem propício nem adverso, mas não está sem Deus".[6]

Só a última afirmação, no decorrer da argumentação, é explicada: também quem busca a Deus o tem propício, mas só é feliz quem o encontrou. Quem ainda o procura, embora tendo Deus propício, não é ainda feliz.

No terceiro dia, discutia-se sobre o que era a infelicidade. Mônica a identificara com o não ter a verdadeira sabedoria. Foram citados exemplos de pessoas que, mesmo não possuindo a verdadeira sabedoria, estavam cheias de riquezas e, portanto, não podiam ser chamadas de miseráveis. Mônica diz, então:

> Não vejo e não consigo compreender como se possa separar a infelicidade da miséria. Se alguém é rico e pleno de bens e, como se diz, não deseja mais nada, contudo, uma vez que tem medo de perder as coisas materiais, está privado da sabedoria. Então, podemos chamá-lo de infeliz no caso de vir a ficar privado de dinheiro e riquezas, e não o chamaremos infeliz se está privado da sabedoria?[7]

Agostinho fica muito contente com a filosofia da mãe, porque justamente dela, iletrada como era, tinham saído aquelas palavras que ele mesmo tinha reservado para dizer no

---

[6] *De beata vita* 3,21.
[7] *De beata vita* 4,27.

final, como ápice da especulação filosófica. Por isso dirige-se a todos dizendo:

> Vede que diferença existe entre ter muitas e diversas doutrinas e ter o espírito constantemente dirigido para Deus? Essas coisas que nós admiramos [as sapientíssimas respostas de Mônica], de onde procedem senão de Deus?[8]

Depois de ter dado prosseguimento ao debate, indagando sobre o sentido da verdadeira sabedoria, a qual é o próprio Deus, que é o único que nos pode tornar felizes, Mônica pede o auxílio divino para todos, para que possam alcançar esta verdadeira sabedoria, usando as palavras de um hino de Ambrósio que estava impresso em sua mente por tê-lo cantado muitas vezes: "Fove precantes, Trinitas!", ou seja: "Ó Trindade, ajuda aqueles que te invocam!".[9] E é sempre Mônica que resume em poucas palavras todo o sentido do colóquio, exortando a todos a alcançar o fim que é Deus, a verdadeira Sabedoria que nos torna felizes, caminhando rapidamente em sua direção com uma inabalável fé, uma alegre esperança, uma ardente caridade. Assim se concluiu o diálogo sobre a vida feliz.

Também no *Diálogo sobre a ordem* Agostinho observa que insistiu para que a mãe estivesse presente, não tendo outros afazeres urgentes. Diz que do prolongado convívio com ela tinha se dado conta de sua inteligência penetrante e do seu espírito ardente sobre as coisas de Deus.[10] Ademais, o debate sobre a vida feliz lhe confirmara abundantemente a atitude filosófica de Mônica e sentia-se verdadeiramente

---

[8] *De beata vita* 4,27.

[9] *De beata vita* 4,35.

[10] *De ordine* II, 1, 1. Para toda a questão da atitude filosófica de Mônica, cf. a interessante introdução aos diálogos de V. Capanaga in: *Obras de San Augustin I*, 4. ed., Madrid: BAC., 1969, pp. 397-434, BAC 10.

orgulhoso dela. Mônica, por sua parte, com uma humildade temperada de humorismo, defendeu-se com o fato de que Agostinho queria observar seus questionamentos, dizendo:

> Por acaso nos livros que ledes ouviu-se alguma vez que também as mulheres foram admitidas a participar deste gênero de debates?
> Não me importo muito — respondeu Agostinho — com o juízo dos orgulhosos e dos ignorantes, que se põem inconsideradamente tanto a ler livros como a cumprimentar pessoas. Na verdade, esses não consideram quem são aquelas pessoas, mas sim que vestes trazem e que pompa e riqueza ostentam. Esses, ao ler, não põem a mente onde devia ter origem a questão, nem onde aqueles que a discutem estabeleceram chegar ou naquilo que é por eles explicado e sintetizado. Contudo, em meio a tais pessoas acham-se algumas cujo espírito não é de desprezar (estão, de fato, como que imbuídas de um resquício de cultura e facilmente podem ser introduzidas nos sagrados umbrais da filosofia através das portas douradas e decoradas) e foram levadas em consideração pelos nossos antepassados, cujos livros vejo que te são conhecidos pelas nossas leituras. E nestes tempos, para não falar de outros, um homem que se sobressai pela inteligência e pela eloquência, e não apenas pelas próprias honras e bens de fortuna, Teodoro,[11] a quem tu mesma conheces muito bem, empenha-se a fim de que nem agora nem no futuro alguém se lamente com razão da cultura do nosso tempo.
> Por outro lado, se alguém puser as mãos nos meus livros e, lido meu nome, não disser: "Quem é esse?", jogando fora o códice, mas, ou por curiosidade, ou por excessivo zelo, não se importando com o aspecto pouco vistoso da porta, seguir adiante e aí entrar, não sentirá tédio pelo fato de eu filosofar contigo nem desprezará nenhum daqueles com quem se desenvolve o meu debate. De fato, não só são livres, o que é suficiente para qualquer arte liberal e não apenas para a filosofia, mas são de uma linhagem de todo conceituada.

---

[11] Mânlio Teodoro era uma pessoa importante, cristão e grande amigo de Agostinho. Foi prefeito da Líbia, da Macedônia, esmoler-mor do imperador, prefeito da Gália em 380, cônsul em 399. Agostinho conheceu-o em 386 e, juntamente com ele, buscou a verdade através da filosofia platônica. A ele dedica o diálogo *De beata vita*.

Os livros dos homens mais cultos falam também de sapateiros que cultivaram a filosofia e de outros tipos de pessoas ainda mais humildes, as quais fulguraram com tão grande luz de inteligência e valor que não as teriam trocado, mesmo podendo, por nenhum outro gênero de nobreza. Não faltará — acredita-me — certos tipos de pessoas que acharão agradável tu falares comigo sobre filosofia mais do que encontrarem em meus escritos quem sabe o que de jovialidade ou de seriedade. Na verdade, também entre os antigos as mulheres discutiam filosofia e, além disso, a tua filosofia me agrada enormemente. De fato, mãe, para que não fiques na ignorância sobre alguma coisa, esta palavra grega, "filosofia", em latim é traduzida por "amor à sabedoria". Por isso também as Divinas Escrituras, que tu abraças com toda a tua força, não dizem, em absoluto, para evitar e desprezar os sábios, mas somente os sábios deste mundo.[12]

Que existe outro mundo, muito distante destes olhos, que é intuído pela mente de poucos virtuosos, declara-o suficientemente Cristo, que não diz: "O meu reino não é do mundo", mas "O meu reino não é deste mundo".[13] Quem pensa que se deve fugir de toda filosofia não quer senão que não amemos a sabedoria. Então, eu te desprezaria neste livro se não amasses a sabedoria. Ao contrário, não te desprezaria se tu a amasses numa medida medíocre e, muito menos, se tu a amas tanto quanto a amo eu. Ora, dado que a amas muito mais do quanto me amas — e sei bem o quanto me amas — e tendo progredido tanto nela a ponto de não teres medo de nada, nem sequer da morte — o que é dificílimo também para os homens mais sábios —, e todos reconhecem que este é o ápice da filosofia, não quererei eu mesmo ser teu discípulo?[14]

A esta a altura, Mônica, com ares de modéstia e um tanto faceira, disse que nunca Agostinho tinha mentido tanto como naquele dia.

---

[12] Cl 2,8.
[13] Jo 18,36.
[14] *De ordine* I, 11, 31-32.

Não só nessa passagem, mas também em outras desses diálogos de Cassicíaco, Agostinho louva a sabedoria e a postura filosófica da mãe. Mesmo não tendo nas mãos os instrumentos de trabalho, como as várias noções históricas e técnicas, o seu espírito é maduro e penetrante, está desapegado das paixões e intui a verdade de uma maneira muito mais fácil do que aqueles que, embora possuindo a técnica da especulação, têm o espírito entorpecido pelas paixões.

O modo de falar de Mônica não está isento de defeitos na forma e na expressão. O próprio Agostinho fora reprovado pelos italianos pela pronúncia e, por sua vez, sempre reprovava os outros por causa dos defeitos de pronúncia. Mas todos esses problemas são pueris, e é justo que Mônica os despreze. São como que o corpo da cultura. Mônica tomou posse do espírito. Aquilo que é importante — e Mônica o sabe — é permanecer presa à fé e à Sagrada Escritura. E Agostinho a exorta a manter-se nesses costumes.

Também em outros trechos de *De ordine*, Mônica manifesta o seu aguçado modo de raciocinar, como quando disserta sobre a justiça de Deus, que consiste em julgar entre bons e maus, dando a cada um o que lhe cabe, ou quando fala sobre a origem do mal, que não provém de Deus, mas é uma ruptura da ordem desejada por ele.[15]

A partir do quanto vimos a propósito dos colóquios de Cassicíaco, a figura de Mônica nos aparece melhor delineada nas suas características. Ela não é a mulherzinha de mente acanhada e modos maçantes da qual se busca esquivar porque tem o mundo "em grande desprezo" e deve achar um modo de criticar todas as coisas. As lágrimas de sua oração

[15] *De ordine* II, 8, 22-23.

eram lágrimas de uma mulher forte e sensível. Sob a luz de Cassicíaco, apreendemos nela um aspecto novo: o do humorismo, que, usado no momento oportuno, é sinal de grande inteligência.

Na argumentação, move-se com simplicidade, não toma ares de pedante, sabe esclarecer as coisas sem dramatizar. Suas saídas espirituosas no-la mostram como uma mulher esperta, de agradável companhia. Desse modo, confirma que a sua santidade não é carregada e pesarosa, mas repleta de solidez interior, riqueza espiritual, profundidade de intuição e de sentimentos, unida à serenidade que provém do contato com Deus e que se exprime num comportamento humilde, cortês, agradável.

Vemos o seu espírito aberto, a sua capacidade de intuição e de raciocínio incomum, a clareza e a exatidão das ideias, a ânsia de renovar-se e de aprender coisas novas. Embora já tivesse 55 anos, não leva em consideração a diferença de idade, mas senta-se na relva para conversar com aquele bando de jovens ardorosos. Sabe escutar e manifestar aquilo que pensa, sabe sintetizar e chegar a conclusões precisas. Por isso Agostinho não exagera ao chamá-la filósofa ou, aliás, ao dizer que ela conquistou o ápice da filosofia.

Mônica, com seu espírito jovem e aberto — porque um sinal da juventude do espírito é o desejo de conhecer e de descobrir coisas novas —, sem nunca se acomodar, no seu intelecto penetrante e na capacidade de atingir conclusões interessantes e profundas manifesta o trabalho que a graça de Deus realizou nela, unindo sabedoria sobrenatural e inteligência humana, coisa que não acontece com os espíritos soberbos e plenos de si, que permanecem desesperadamente na própria miséria. Jesus, de fato, disse: "Eu te louvo, ó Pai,

Senhor do céu e da terra, porque escondeste estas coisas aos sábios e entendidos e as revelaste aos pequeninos".[16]

    Santa Catarina de Sena, que era analfabeta, e Santa Teresa de Lisieux, humilde carmelita que morreu com apenas 24 anos, foram recentemente proclamadas Doutoras da Igreja. Tal fato é a prova de que a sabedoria, dom de Deus cultivado num espírito puro, faz ver muito mais além do que a razão humana, alimentada apenas de estudos humanos. Por essa razão encontramos nos escritos dos santos, como pudemos ver no caso de Santa Mônica, intuições e profundezas maiores do que nos filósofos e teólogos de grande fama.

---

[16] Mt 11,25.

Capítulo 12

O PLENO TRIUNFO

Os seis meses passados em Cassicíaco foram, para Agostinho, Mônica e os demais, uma espécie de retiro espiritual prolongado. Não se detiveram apenas na busca filosófica, que, quando é conduzida com espírito puro, não pode deixar de aproximar-se de Deus. Tinham também lido as Escrituras, rezado, recitado os salmos e cantado os hinos sob a direção de Mônica. Não poderiam ter feito uma melhor preparação para o Batismo. O catecumenato de Agostinho perdurava desde o nascimento. Agora, tratava-se de traduzir na prática com uma escolha definitiva e solene tudo aquilo que fora amadurecendo no seu espírito durante aquele longo caminho.

O Batismo, no século IV, era celebrado durante a Vigília Pascal, a mãe de todas as vigílias, quando os cristãos, reunidos durante a noite, esperavam a aurora do primeiro dia da semana, o nosso domingo, dia que se tornou glorioso pela ressurreição de Cristo. Naquela noite os catecúmenos deixavam que, com Cristo, morressem o velho, o pecado e as paixões, para que com ele ressurgissem seres humanos novos para caminhar numa vida nova. O Batismo constituía a Páscoa de cada um deles, no sentido etimológico de "passagem" do ser humano velho para o ser humano novo.

Agostinho e seus amigos tinham-se tornado verdadeiramente seres humanos novos. Partiam de Cassicíaco com um fervor extraordinário, com o empenho de consagrar a vida a Deus, à sua Igreja, à verdade, ao bem. A viagem de Cassicíaco até Milão foi uma piedosa peregrinação. Alípio, nos fervores de neófito, quis fazê-la descalço, embora as estradas ainda estivessem cobertas de gelo. Deviam chegar à cidade de Ambrósio para o início da Quaresma, que naquele ano caía no dia 10 de março, para serem inscritos entre os "competentes" ou "escolhidos", isto é, entre aqueles que haveriam de receber o Batismo na próxima Vigília Pascal.

A última Quaresma do catecumenato era a mais intensa. As instruções aos catecúmenos chegavam à frequência diária e, ao mesmo tempo, aplicava-se sobre eles todos os ritos preparatórios, como os exorcismos, a *consignatio* e a *redditio symboli*, ou seja, o aprender de memória e professar publicamente os vários artigos da fé cristã.

Podemos imaginar como exultava, nessa vibrante vigília, o coração de Mônica e como se intensificava a sua oração ao Senhor para que a obra que ele iniciara no filho Agostinho fosse levada a cabo com feliz êxito.

Agostinho, junto de Alípio e do filho Adeodato, com muita humildade, misturou-se durante os dias daquela Quaresma ao grupo de catecúmenos milaneses que, como ele, se preparava para o Batismo. Escutou a palavra de Ambrósio, cantou também os hinos litúrgicos que — como confessará mais tarde — o comoviam até as lágrimas e lhe infundiam no coração um sentimento de suavidade e de transporte em direção ao Senhor que lhe fazia muito bem.

A presença de Mônica ao seu lado era muito discreta e não mais feita de ansiedade, mas de uma íntima alegria que se tornava cada vez mais impossível de conter e que se preparava para explodir. Nas horas livres dos empenhos catecumenais, Agostinho não procurava mais divertimentos ou distrações, mas prosseguia em suas meditações, cujo fruto deixou em algumas obras escritas durante aqueles dias, como a *De immortalitate animae* e a *De musica*.

Na Semana Santa, o recolhimento se tornou ainda maior e o pensamento do Batismo era contínuo. Mônica seguiu juntamente com a assembleia dos fiéis as últimas fases do catecumenato com os ritos preparatórios ao Batismo.

Sua exultação chegou ao auge na noite do Sábado Santo. Viu Ambrósio tocar os ouvidos do filho Agostinho, do neto Adeodato, de Alípio, e dizer: "Effetha" [ou Efatá], que quer dizer "Abre-te", para escutar a voz de Deus e proclamá-la com tua boca. Viu o filho pronunciar o solene empenho de renunciar ao diabo e de voltar-se para o Oriente a fim de caminhar ao encontro de Cristo. Escutou os trechos da Escritura que falavam da Páscoa, cantou mais com o coração do que com os lábios o salmo 41: "Assim como a corça suspira pelas águas correntes, suspira igualmente minha alma por vós, ó meu Deus".

Eram esses os seus verdadeiros sentimentos e eram, também, os de Agostinho. Viu o filho descer às águas regeneradoras, viu-o emergir como criatura nova na profissão da verdadeira fé, à qual, precedentemente, tinha-se oposto, mas que agora se preparava para ilustrar e defender com a profundidade do seu pensamento e a santidade da sua vida. Viu-o aproximar-se com a cabeça ungida pelo santo crisma, significando o sacerdócio real que recebera ao ser incorporado a Cristo-sacerdote no seu corpo místico, que é a Igreja.

Viu-o trajar a veste branca que lhe haveria de consentir a admissão no banquete do Reino dos Céus. Pela primeira vez, pôde participar junto com ele dos sagrados mistérios. Pela primeira vez, pôde achegar-se à mesma mesa, comer do mesmo pão e beber do mesmo vinho.[1] Que mais poderia esperar da vida? Que outra coisa poderia desejar? O seu sonho, acalentado por tantos anos entre penitências, jejuns e lágrimas, agora era uma realidade diante de seus olhos.

O Senhor tinha escutado a sua fiel serva e, agora, no seu coração não havia mais nada senão uma santa alegria. O filho que tinha gerado na carne entre as dores do parto agora o tinha gerado novamente, depois de tantas dores, à vida que não passa. Aquela noite de 24 para 25 de abril de 387 foi o triunfo de Mônica.

---

[1] Sobre como se desenvolviam, em Milão, no final do século IV, os ritos da iniciação cristã na Vigília Pascal, pode-se ver a partir da própria obra de Santo Ambrósio *De mysteriis*, ed. org. por G. Coppa, Vaticano: Poliglotta Vaticana, 1974.

Capítulo 13

ÓSTIA TIBERINA

Os neobatizados viveram na alegria todo o tempo pascal. Em Milão, a academia filosófica do círculo de amizades de Agostinho ia-se transformando numa pequena família monástica. Mas... que faziam ainda em Milão? Não era aquela a sua terra. Agostinho tinha ido para lá a fim de ensinar, e lá se reuniram a ele a mãe, o filho e os amigos. Na realidade, Milão era a cidade que a Providência escolhera para que a conversão de Agostinho amadurecesse por obra de Ambrósio. Agora, porém, não havia mais nenhum motivo para permanecer ali.

Agostinho tinha abandonado o magistério, a cidade era por demais barulhenta para a vida que se propunham levar e as reservas econômicas começavam a escassear. A tudo isso somaram-se os rumores de guerras e subversões. Também Ambrósio tinha partido para Tréveros, para encontrar-se com o usurpador Máximo e convencê-lo à paz.

Tudo os levava a desejar a volta à terra natal. Ali possuíam pequenas propriedades; ali achariam a serenidade; ali, sobretudo, estavam as suas raízes. Decidiram, então, retornar a Tagaste, onde haveriam de realizar o sonho do cenóbio filosófico e monástico.

Partiram de Milão para Roma, de cujo porto, Óstia (que literalmente significa "as portas" de Roma), haveriam, tão logo fosse possível, de embarcar para a África.

Com toda a probabilidade, era o mês de maio de 387 e a primavera se fazia sentir na clemência do clima, no verde das árvores, no perfume que as flores exalavam. A viagem, apesar dos inevitáveis incômodos, foi, assim, suavizada pela alegria do espetáculo do despertar da natureza.

Mônica fez a viagem de volta com um espírito bem diferente daquele com que fizera a de ida. Estava com eles o filho Navígio; a filha permanecera na África. Mas Mônica queria aproveitar a companhia do seu Agostinho, o qual, pressentindo-lhe o fim próximo, procurava estar o máximo possível ao seu lado.

Também o neto Adeodato, agora um rapaz de 15 anos, deixava Mônica encantada. Agostinho retrata-o para nós num quadro cheio de admiração. Apesar de ser ainda muito jovem, superava na inteligência muitos homens doutos e avançados em idade. Tudo isso era dom de Deus. Agostinho, de sua parte, confessa que não lhe concedeu senão o pecado ao gerá-lo.[1] De fato, de Agostinho, nos seus primeiros anos, recebeu somente os maus exemplos de uma vida libertina, de erros e paixões terrenas.

Mas Mônica encarregara-se de sua educação, obtendo efeitos melhores e mais imediatos do que jamais conseguira com Agostinho. A resposta que ele dera em Cassicíaco — de que Deus é possuído por quem não tem espírito imundo — faz eco ao ensinamento de Mônica sobre a bem-aventurança reservada aos puros de coração. Depois, foi interlocutor do diálogo *O mestre*, que Agostinho redigiu em Tagaste quando o filho tinha 17 anos. Em todas as áreas, a sua inteligência se manifestava prodigiosa e produzia esperanças no futuro. À

---

[1] *Conf.* IX, 6, 14.

inteligência uniam-se também a inocência e a virtude. Sua morte prematura, aos 18 anos, cujo segredo está nos imperscrutáveis desígnios de Deus, não nos deixou testemunhar o que ele poderia ter-se tornado. Devemos, então, imaginar como Mônica o amava e o quanto a presença dele a enchia de alegria.

Chegaram, assim, a Óstia Tiberina. Naquele tempo o mar avançava cerca de três quilômetros a mais para perto de Roma, até o lugar onde, junto aos vestígios bastante conservados do porto da capital, aparece agora, com suas casas, seu fórum, seu teatro, o povoado de Óstia Antiga. Sobre o território ganho pela terra firme na sua luta contra o mar, vão-se alinhando os edifícios da Óstia moderna, cidade em rápida expansão, que já conta com cerca de 150 mil habitantes e é considerada um bairro da capital. Aqui, em 1956, surgiu uma paróquia em honra de Santa Mônica, cuja igreja paroquial, de amplas e modernas linhas, foi concluída em 1972. Não guarda as relíquias da santa, apenas uma imagem de madeira doada e abençoada por Pio XII. Quer ser uma justa recordação e homenagem à santa que, 17 séculos antes, aí morou e concluiu sua caminhada terrena.

A cidade histórica de Óstia, situada na foz do rio Tibre — por isso "Tiberina" —, então, dominava o mar. Mônica, Agostinho e os demais encontraram hospedagem numa casa de Óstia e ali, longe do barulho da capital, na paz e tranquilidade, repousavam durante alguns dias das fadigas da viagem. Infelizmente, não nos é dado saber a localização dessa afortunada casa que teve a honra de acolher aquele grupo de santos. Devemos imaginá-la como uma das tantas, das quais restam apenas poucas ruínas, que o visitante das escavações de Óstia Antiga pode admirar. No interior da casa havia também um jardim, o qual podia ser avistado por uma janela.

Durante uma tarde, perto do pôr-do-sol, Mônica e Agostinho estavam ali sozinhos, apoiados na janela, contemplando a paisagem. A conversa entre os dois não recaía sobre coisas frívolas. Tinham-se esquecido das coisas do passado e estavam inclinados para o futuro. Podemos imaginar a cena a partir do maravilhoso quadro, ainda que marcado de romantismo, de Ary Scheffer, que mostra o jovem Agostinho, vestido com uma toga, sentado como um mestre, com os olhos meditativos fixados ao longe, apoiando a cabeça sobre o cotovelo direito e tendo a mão esquerda apertada entre as mãos de Mônica. Esta se senta um pouco acima dele, com o rosto erguido e os olhos voltados para o céu, numa expressão de contemplação e de místico arroubamento.

Mônica pensava agora somente no céu. Como seria a vida eterna dos santos? Olhos humanos não a viram, ouvidos humanos não a ouviram. Ela, com suas intuições, e o filho, com a profundidade do pensamento, indagavam-se sobre as maravilhas da vida futura. Mas, aqui, as nossas palavras não bastam e devemos deixar o próprio Agostinho falar:

> Nossa conversa chegou a esta conclusão: que o prazer dos sentidos corporais, por maior que seja e por mais brilhante que seja tal luz temporal, não é digno de ser comparado nem mesmo de ser mencionado diante da felicidade daquela vida. Elevando-nos com o mais ardente ímpeto de amor rumo ao próprio Ser, percorremos gradualmente todas as coisas corpóreas e até o próprio céu, de onde o sol, a lua e as estrelas iluminam a terra. E subindo ainda mais ao interior de nós mesmos através da meditação, da celebração e da admiração de tuas obras, chegamos, assim, às nossas almas.
> E também a elas superamos para atingir a região da inesgotável abundância, onde nutres eternamente a Israel com o alimento da verdade, onde a vida é a própria Sabedoria, pela qual se cria todas as coisas que existem, que existiram e que hão de existir,

pois a mesma Sabedoria não é criada, mas, tal como existe hoje, sempre existiu e sempre há de existir. Ou melhor: nela não há o ser passado, nem o ser futuro, mas só o ser, enquanto eterno, pois o ter sido e o haver de ser não são próprios do eterno. E enquanto falávamos e anelávamos por alcançá-la, apreendemo-la um pouco com o ímpeto pleno do coração, e, suspirando, renunciamos a essas "primícias do espírito" para voltar ao som vazio de nossos lábios, onde a palavra tem princípio e fim. E a que se assemelha esta tua Palavra, o nosso Senhor, estável em si mesmo, sem jamais envelhecer, e renovador de todas as coisas?

Comentávamos então: "Se, para um homem, o tumulto da carne pudesse calar-se, se as imagens da terra, da água e do ar se calassem; se os céus e a própria alma se calassem e esta superasse a si própria, não mais pensando em si mesma; se os sonhos e as revelações da fantasia, se todo sonho e tudo aquilo que nasce para desaparecer, se tudo se calasse completamente — sim, porque todas as coisas falam aos que sabem ouvir, e dizem: 'Não fomos feitas por nós mesmas, mas sim por aquele que permanece para sempre'; se, ditas essas palavras, todos os seres emudecessem para escutar o seu Criador e se só ele falasse, não mais com a boca das criaturas, mas com a sua própria boca, e nós não ouvíssemos mais a sua palavra através da língua carnal ou da voz do anjo, ou do estrondo de trovão, ou de uma parábola misteriosa, mas a ele diretamente, por nós amado nessas criaturas; se a ele ouvíssemos diretamente sem intermediários, tal como acabamos de apreender, prostrados com um pensamento de relance, a Sabedoria eterna, que permanece imutável e para além de toda realidade; e se tal condição se prolongasse e todas as outras visões, de qualidade muito inferior, desaparecessem, e somente esta, em sua contemplação nos arrebatasse, nos absorvesse e nos mergulhasse no gozo interior, de tal modo que a vida eterna se assemelhasse àquele momento de intuição que nos fez suspirar... não seria tudo isso a entrada no gáudio do Senhor? E quando se realizará? Não será talvez no dia em que todos estivermos ressuscitados, mas nem todos transformados?".[2]

---

[2] *Conf.* IX, 10, 23-25. A tradução deste importante trecho é feita a partir da edição bilíngue da *Opera omnia* de Santo Agostinho (Roma: Città Nuova, 1965. Nuova Biblioteca Agostiniana). As outras traduções do excerto agostiniano são minhas.

Nesta célebre página agostiniana é narrado aquele evento extraordinário que ficará imortalizado como o êxtase de Óstia. O Senhor, por um momento, concedeu a Mônica e a Agostinho poder contemplar antes do tempo a felicidade eterna que vem do próprio Deus. Mãe e filho, partindo das coisas terrenas, que são criaturas de Deus e trazem o seu sinete, elevaram-se cada vez mais alto, fazendo calar todas as coisas criadas, para colocar-se em contato direto com o Criador.

Esse episódio pertence aos fenômenos místicos com os quais Deus, ainda que muito raramente, favoreceu os santos na história. São visões e intuições inefáveis, isto é, que não podem ser expressas com palavras humanas, como diz São Paulo:

Conheço um homem em Cristo que, há 14 anos, foi arrebatado até o terceiro céu. Se foi no corpo, não sei. Se fora do corpo, também não sei. Deus o sabe. E sei que esse homem — se no corpo ou se fora do corpo, não sei. Deus o sabe — foi arrebatado ao paraíso e lá ouviu palavras inefáveis, que não é permitido a um homem repetir.[3] Então, também Santa Mônica pertence aos místicos, que não constituem uma categoria restrita às pessoas de vida contemplativa. Mônica, esposa e mãe de família, com uma vida plenamente ativa e imersa nas realidades do mundo, nos ensina que a oração, na sua forma mais alta — que é a contemplação — é apanágio de todos os cristãos. Deus, por seu lado, nos faz compreender o quanto é livre no dispensar seus dons. Todavia ao êxtase não se chega por acaso. Mônica, já tendo atingido os limiares de sua vida terrena, colhe o fruto de uma vida de união com Deus, também em meio a todos os afazeres e preocupações

---

[3] 2Cor 12,2-4.

materiais, com a visão da bem-aventurança eterna que dá pleno significado à existência do ser humano.

Para Agostinho, essa experiência do êxtase será inesquecível e ele a levará sempre no coração. Ser-lhe-á como que uma carga interior que o impelirá a doar-se de agora em diante, de corpo e alma, às coisas divinas. Para Mônica, já era o pregustar o paraíso. O mundo sensível, depois daquela fugidia intuição, perdera valor aos olhos de ambos. Os seus prazeres não tinham mais nenhum atrativo. E Mônica disse ao filho:

> No que me diz respeito, não encontro nada que me dê gosto nesta vida. O que faço e por que ainda estou aqui, não o sei, dado que já não espero mais nada deste mundo. Havia um único motivo pelo qual desejava permanecer ainda um pouco nesta vida: ver-te cristão e católico antes de morrer. O Senhor me concedeu isso com superabundância, a ponto de que tu, desprezando mesmo toda a felicidade terrena, te tornaste seu servo. Que faço aqui?[4]

Agostinho ficara tão tomado pelo êxtase que sua mente estava ausente e, enquanto a mãe falava essas coisas, não a acompanhava, nem depois se lembrou do que lhe respondeu.

Agora os dois viam as coisas sob outra dimensão: do ponto de vista de Deus. A partir desse ângulo visual, Agostinho compreendia que o esperava uma longa e importante missão à qual consagrar suas jovens forças. Mônica, ao contrário, cumprira fielmente a missão a ela confiada e esperava apenas o prêmio dos justos.

---

[4] *Conf.* IX, 10, 26.

Capítulo 14

A MORTE E A SEPULTURA

O verão já começara e os nossos africanos se preparavam para velejar para Cartago, aproveitando a estação favorável. Mas o desígnio de Deus dispusera as coisas de outra maneira.

Passados pouco mais de cinco dias do êxtase, Mônica adoeceu gravemente e foi constrangida a ficar de cama. A partida foi postergada e todos começaram a agrupar-se ao redor de sua cabeceira, procurando aliviar os sofrimentos de sua enfermidade e esperando poder conduzi-la à cura. Mas a febre era tão forte que Mônica entrou em delírio. Todos estavam temerosos, sobretudo Agostinho, Navígio e o sensibilíssimo neto Adeodato.

Mônica, por um instante, retomou a consciência e, vendo todos amorosamente agrupados ao seu redor, não se dando conta do que acontecia e quase que indo atrás de imagens que não recordava, perguntou: "Onde eu estou?". Vendo que ninguém respondia, mas que todos estavam petrificados pela dor, disse com um fio de voz, compreendendo que estava no seu fim: "Sepultai aqui vossa mãe".

Agostinho tinha um nó na garganta e evitava falar para não desatar em pranto. Navígio, ao contrário, buscando coragem, procurava consolar a mãe, dizendo-lhe que ainda não era chegado o último momento, que voltariam para a pátria e que haveria de acabar seus dias na terra natal. Mas

Mônica o fixou com um olhar de reprovação, achando que suas palavras estavam fora do lugar. Ele ainda era muito terreno e se preocupava com coisas que ela, há muito, tinha superado. Buscou a confirmação do seu pensamento no rosto de Agostinho, cujo espírito estivera unido a ela no êxtase e que estava tão próximo do seu modo de pensar como nunca estivera antes, dizendo-lhe: "Olha o que ele diz!". Depois, reunindo todo o fôlego que ainda tinha, num esforço supremo de lucidez, disse: "Sepultai, então, este corpo onde queirais e não vos preocupeis minimamente com ele. Só vos peço que, onde vos encontrardes, recordai-vos de mim junto ao altar do Senhor".[1]

Depois calou-se. Sofria muito, porém não disse mais outras palavras sobre esta terra. Aquelas que tinha dito permaneceram como o testamento que deixou aos filhos e como compêndio de sua fé. Chegada à santidade consumada, não pensava mais em nenhuma das coisas da terra, mesmo naquelas que mais legitimamente estão em nosso coração, como a sepultura, mas interessava-lhe apenas o seu destino eterno. O único modo com que os filhos a poderiam verdadeiramente ajudar havia de ser o da oração e, sobretudo, o sacrifício eucarístico.

No entanto, Agostinho se recordava com quanto cuidado, quando da morte de Patrício, ela tinha preparado para ele o túmulo no qual deveriam também estar contidos os seus próprios ossos, uma vez que, tendo vivido unidos nesta terra, queriam permanecer assim na memória dos seus descendentes. Mas já eram passados 17 anos desde então e Mônica ainda mais velozmente havia percorrido as vias da perfeição e fora aquilatada pela graça do Senhor. Agora

---

[1] *Conf.* IX, 11, 27.

tinha condições de ser superior também a essas coisas, tendo observado tudo com uma visão puramente espiritual.

Agostinho, convertido, alegra-se com a perfeição da mãe e lembra-se de ter escutado em Óstia, por parte de algumas pessoas que eram íntimas de Mônica, que ela já lhes havia falado do desprezo desta vida e da morte vista como um bem. E tais pessoas diziam: "Tudo bem morrer. Mas... e se tivesses de morrer longe de tua terra?". De fato, para os antigos, morrer no exílio e ser sepultado onde ninguém voltaria para honrar o corpo era a maior desventura. No entanto, Mônica, com sentimentos profundamente cristãos, respondia: "Para Deus nada é longe e, na verdade, não se deve absolutamente temer que, no fim dos séculos, ele não reconheça o lugar onde me ressuscitará". Assim, com a costumeira argúcia, dizia profundas verdades.

A esta altura dos acontecimentos, os breviários agostinianos, usando da fantasia e aplicando para Mônica os lugares comuns da hagiografia, falam dos seus últimos dias. Inventam a impossibilidade de ela receber a eucaristia porque sofria muito do estômago, inventam um menininho que entra no quarto e depois desaparece... E esses episódios lendários foram todos imortalizados pela arte. Preferimos, porém, imaginar a cena do seu trânsito apenas com a sobriedade e o vigor com que a descreve Agostinho nas suas *Confissões*.[2]

Durante nove dias Mônica sofreu com febres muito altas. A dor é instrumento de purificação e desse modo o Senhor queria cancelar em sua serva qualquer traço de fragilidade que ainda permanecesse nela, qualquer defeito que ainda não tinha reparado com sua vida de penitência e

---

[2] *Conf.* IX, 11, 28; 12, 29-33; 13, 34-37.

sacrifício. Nos momentos de lucidez, Mônica não cessava de elevar seu espírito a Deus e oferecia a ele seus sofrimentos.

O pensamento de Cristo sobre a cruz a sustentava e suscitava nela cada vez mais o desejo de passar da precariedade da vida terrena à pátria na qual não haveria mais "nem luto, nem grito, nem dor".[3]

Depois de tantos sofrimentos, durante os quais sempre aspirava mais à união com o seu Senhor, circundada pelo afeto dos seus, quase que sem se dar conta, expirou placidamente. O sagrado momento da morte marca para Mônica a passagem do tempo para a eternidade. Naquele momento, à luz de Deus que julga, entrou na plenitude da verdade, viu toda a sua vida envolta no amor de Deus, desde o nascimento até o último minuto, e viu também a sua constante correspondência a todos os seus dons. Em jubilosa exultação, aderiu a Deus, verdade, amor, beleza, alegria de todos os seus santos, e experimentou a verdade de suas palavras: "Vem, serva boa e fiel, vem regozijar-te com teu Senhor".[4]

Morreu aos 56 anos. Agostinho estava com 33. Era o ano de 387 e, com toda a probabilidade, estavam no verão.[5]

Ao vê-la expirar, num golpe repentino, Agostinho, que naqueles dias já andava se acostumando com a ideia do falecimento da mãe, compreendeu a grande perda: nunca mais haveria de ver seu rosto sobre a terra, nunca mais haveria de escutar a sua voz. E sabia que tudo aquilo que era, ele o devia à mãe. Uma torrente de lágrimas estava para sair-lhe dos

---

[3] Ap 21,4.
[4] Cf. Mt 25,21.
[5] Agostinho teria completado 33 anos no dia 13 de novembro. Estamos, então, antes dessa data. Os limites *post* e *ante quem* do dia da morte de Santa Mônica são, portanto, maio e novembro. Dizemos, com toda probabilidade, que foi durante o verão, pois era na boa estação que se enfrentavam as viagens.

olhos, mas ele imediatamente a sufocou no fundo da alma, impondo-se um domínio severo sobre todos os sentimentos. Para ele, tratava-se de um flagelo imenso. Estava ali, lutando entre a dor que lhe ordenava chorar e o controle sobre si que não permitia que as lágrimas saíssem.

O adolescente Adeodato, ao contrário, não conseguiu conter-se e o amor tão terno que nutria pela avó se expressou num pranto impetuoso, acompanhado de fortes gemidos. Contudo, algumas pessoas o tomaram, afastaram-no do corpo e fizeram-no conter o pranto.

Foi a fé que deu a eles força para não se lamentar e também para testemunhar que estavam convencidos de que a mãe não tinha morrido miseravelmente, ou melhor, não tinha morrido para sempre. Tal convicção provinha dos próprios ensinamentos de Mônica e de sua vida tão íntegra, que, certamente, merecia a felicidade eterna.

A dor que experimentavam não dizia respeito a Mônica, mas à sensível ferida que fora aberta e que sangrava por causa da repentina separação, após um convívio tão doce e estimado durante a vida. Naquela circunstância Agostinho encontrava conforto nas palavras que a mãe lhe andara dizendo durante sua enfermidade, quando lhe agradecia pelas gentilezas e pequenos serviços que o filho lhe prestava. Chamava-o, então, de piedoso e recordava, com muito carinho, que jamais ouvira de seus lábios uma palavra dura ou ofensiva proferida contra ela. Justamente em virtude dessa consideração que Agostinho sempre tributara à mãe e da dedicação que esta sempre lhe dispensara é que sentia sua vida dilacerada. Dado que as duas vidas — a sua e a da mãe — tinham se tornado uma só, era como se lhe tivessem tirado um pedaço de si mesmo.

Contendo as lágrimas, o amigo Evódio, que junto com Agostinho pretendia iniciar a vida monástica em Tagaste, pegou o saltério e começou a cantar o salmo 100, enquanto todos os que estavam na casa respondiam: "Eu quero cantar o amor e a justiça, cantar os meus hinos a vós, ó Senhor". Ouvindo o cântico, os vizinhos da casa intuíram o que tinha acontecido e começaram a entrar no quarto em que jazia o corpo de Mônica sem vida. Tratava-se, sobretudo, de irmãos na fé que tiveram a oportunidade de conhecer e apreciar o fervor daqueles neoconvertidos africanos e que, durante os dias da estadia em Óstia, travaram amizade com eles. Vieram também piedosas mulheres cristãs para unir-se na oração.

Diziam as palavras que se costuma dizer em tais circunstâncias para consolar Agostinho e o irmão, que se encontravam num cômodo à parte, enquanto os encarregados do funeral realizavam as tarefas de sua competência, e se entretinham em conversas que aliviavam a dor. Sobretudo Agostinho, por causa da postura que se tinha imposto, aparentava àquelas pessoas que não estava sofrendo, mas o Senhor, ao contrário, sabia que tormento lancinante enchia-lhe o coração. Ou, antes, sentia-se afligido por uma dupla dor: a natural, por causa da morte da mãe, e a de experimentar a dor quando deveria estar contente pela feliz sorte da mãe, na qual acreditava firmemente em virtude da fé cristã.

Por isso, no momento em que estava para desatar em pranto, refreava-se e procurava manter uma fisionomia impassível. Seguiu atrás do corpo da mãe, que era conduzido para a sepultura, sem derramar uma lágrima.

O costume era de celebrar a missa pelo defunto quando o corpo era colocado próximo ao túmulo, antes de proceder à deposição. Nem mesmo durante as orações que são ditas durante a missa Agostinho chorou. Tinha se controlado, mas sentia-se profundamente triste. Para libertar tão pesada angústia, resolveu tomar um banho, pois os gregos o chamavam de *balanion* (que, segundo uma etimologia errada seguida por Agostinho, significaria "relaxamento"),* mas saiu dele da mesma forma como ali entrara. Foi dormir e, quando se levantou, sua dor tinha-se mitigado em parte. Veio-lhe logo à mente o pensamento da mãe, repassou sua santa vida e tudo aquilo que fizera por ele e, então, não pôde mais conter as lágrimas, deixou que escorressem abundantemente de seus olhos, tanto pela mãe como por si mesmo. Chorou diante do Senhor, longe de todos os olhos e ouvidos indiscretos que pudessem interpretar aquelas lágrimas com desprezo. E conclui a sua narração nas *Confissões* dizendo:

> Quem quiser leia e interprete como lhe aprouver. E se julgar que pequei por ter chorado por breve tempo a minha mãe, que há pouco morrera diante de meus olhos e que por muitos anos chorara por mim a fim de que eu vivesse sob o teu olhar, não ria de mim, mas antes, se for dotado de grande caridade, chore por meus pecados diante de ti, Pai de todos os irmãos do teu Cristo.[6]

Agrada-nos também citar a oração a Mônica que Agostinho, treze anos depois, eleva a Deus:

> Curado já o meu coração dessa ferida, pela qual podia ser repreendido por um apego demasiadamente carnal, derramo agora diante de ti, ó nosso Deus, por tua serva, um tipo bem diferente de lágrimas, aquelas que brotam de um coração alterado em virtude dos perigos que corre todo ser humano que deve morrer em Adão. Embora ela, uma vez regenerada em Cristo, ainda antes de ser

---

* Acreditava-se que a palavra *balneum* derivava de duas palavras gregas: *ballo*, "atirar fora", e *ania*, "canseira". O banho teria, então, a capacidade de pôr para fora do corpo a canseira. (N.T.)

[6] *Conf.* IX, 12, 33.

libertada da carne, tenha vivido de tal modo a ponto de suscitar o teu louvor por causa de sua fé e dos seus bons costumes, não ouso, contudo, afirmar que desde o tempo em que a regeneraste pelo Batismo não lhe tenha escapado de sua boca alguma palavra contra tua Lei. Foi afirmado por teu Filho, que é a Verdade: "Aquele que chamar a seu irmão 'louco' terá de responder ao julgamento da Geena de fogo".[7] E ai do ser humano, mesmo de vida irrepreensível, se tu tivesses de pôr de lado a misericórdia e entrar em juízo com ele! Mas, como não perscrutas nossos delitos com rigor, esperamos confiantemente um lugar junto a ti.

Quem, de fato, quisesse enumerar os próprios méritos diante de ti, que poderia enumerar senão os teus dons? Oh! Se os seres humanos se reconhecessem como seres humanos, e se quem se gloria se gloriasse no Senhor![8] Por isso, ó Deus de meu coração, minha glória e minha vida, esquece por um momento as boas obras de minha mãe, pelas quais te dou graças alegremente. Agora quero pedir-te perdão por seus pecados. Ouve-me, pelos méritos daquele Médico das nossas feridas, que foi suspenso no madeiro e que, sentado à tua direita, intercede por nós.[9] Sei que ela sempre agiu com misericórdia e que perdoou de coração as faltas contra ela cometidas. Perdoa-lhe também as suas faltas, se acaso algumas cometeu depois da água salutar do Batismo. Perdoa, Senhor, perdoa, eu te suplico, e não chames a juízo a tua serva.[10]

Que a misericórdia triunfe sobre a justiça, pois as tuas palavras são verdadeiras, e prometeste misericórdia aos misericordiosos.[11] Se alguém foi misericordioso, é porque tu concedeste que o fosses, porque tu serás misericordioso com quem tiveres tido misericórdia e terás piedade de quem tiveres tido piedade.[12] Eu creio que já fizeste tudo o que peço, mas acolhe, assim mesmo, as preces oferecidas por meus lábios.

---

[7] Mt 5,22.
[8] 1Cor 10,17.
[9] Rm 8,34.
[10] Sl 142,2.
[11] Mt 5,7.
[12] Ex 33,19.

Na verdade, aproximando-se o dia de sua morte, minha mãe não se preocupou em ter seu corpo suntuosamente revestido ou embalsamado com aromas, não desejou ter túmulo rico nem mesmo uma sepultura na própria pátria. Não nos pediu nenhuma dessas coisas, mas desejou somente que nos lembrássemos dela diante de teu altar, ao qual ela não deixou um só dia de servir, porque sabia que aí se oferece a Vítima Santa, pela qual foi destruído o libelo contra nós,[13] e foi vencido o inimigo, aquele que conta as nossas faltas e procura com que nos acusar, mas nada encontra naquele mediante o qual fomos vencedores. Quem restituirá a ele o sangue inocente? Quem restituirá a ele o preço pago para libertar-nos? A este sacramento do nosso resgate a tua serva ligou a alma pelo vínculo da fé. Ninguém a separe de tua proteção.
Que o leão e o dragão não se interponham entre ti e ela, nem pela força nem pelas insídias. Ela não responderá que nada deve, por medo de ser contestada e cair no poder do acusador astuto. Mas ela responderá que sua dívida lhe foi perdoada por aquele a quem ninguém pode restituir o que ele pagou por nós sem ser devedor. Que repouse em paz ao lado do marido, antes e depois do qual a ninguém ela desposou. Serviu a ele, oferecendo-te os frutos da paciência a fim de ganhá-lo para ti. E inspira, meu Senhor e meu Deus, inspira aos teus servos, aos meus irmãos, aos teus filhos, aos meus senhores, a quem sirvo com o coração, com minha voz e meus escritos, a fim de que, ao lerem estas páginas, lembrem-se, diante de teu altar, de Mônica, tua serva, e de Patrício, que na terra foi seu esposo, pelos quais me introduziste misteriosamente nesta vida.
Que se lembrem com piedosa emoção dos que foram meus pais nesta luz transitória, e que são meus irmãos em ti, ó Pai, e na Igreja Católica, nossa mãe, e que serão meus concidadãos na eterna Jerusalém, pela qual suspira teu povo peregrino desde a partida da pátria até o regresso. Dessa forma, que o último desejo que [minha mãe] me manifestou seja satisfeito mais abundantemente pelas orações de muitos, graças a estas minhas *Confissões,* do que somente com as minhas.[14]

---

[13] Col 2,14.
[14] *Conf.* IX, 13, 34-37.

Com essas comoventes palavras Agostinho termina o IX livro das *Confissões,* dedicado em grande parte à mãe, convicto de que a única forma de comunicação com ela é a da oração, ou seja, através do Senhor. Se fosse possível comunicar-se de outra maneira, não hesita em afirmar que a mãe estaria ao seu lado a cada momento:

> Se as almas dos defuntos participassem das coisas terrenas e pudessem falar-nos através de sonhos, a minha santa mãe — para não falar em outros — não me deixaria sequer uma noite, ela que, para viver sempre comigo, veio atrás de mim por terra e por mar. Dado que eu era o seu único amor e que jamais tolerou ver-me triste, jamais poderia crer que, estando ela feliz, ter-se-ia tornado tão insensível a ponto de não vir consolar este filho abatido pelas tristezas e preocupações.[15]

Na mesma obra a que se refere a citação precedente, isto é, *O cuidado devido aos mortos*, Agostinho fala do significado da sepultura para o cristianismo, como honra prestada ao corpo que foi instrumento da alma no fazer o bem e como incentivo à oração pelos defuntos. Por isso devemos supor que Agostinho, embora julgando, sem dúvida, mais importantes as orações de sufrágio, não descuidou totalmente do sepulcro da mãe.

Para os antigos, as sepulturas eram realizadas ou por incineração, ou por inumação. Os cristãos, querendo desse modo manifestar a fé na ressurreição, aboliram o uso da incineração e, nas catacumbas, usaram os lóculos. Deixando as catacumbas, também eles se serviram dos sarcófagos, mais ou menos trabalhados. Num desses sarcófagos foi colocada Mônica e sepultada entre outros túmulos do cemitério de Óstia.

---

[15] *De cura pro mortuis gerenda* 16.

Para lá Agostinho certamente se dirigiu muitas vezes a fim de rezar junto ao túmulo da mãe durante o ano que permaneceu em Roma, antes de retornar à África no verão de 388. A partir de então, Agostinho, ordenado sacerdote em 391, bispo em 396, e falecido em 430, não mais voltou a Roma e, portanto, nunca mais viu aquele bendito túmulo. Mas, com toda certeza, viram-no e dele tomaram conta os amigos, que, de tempos em tempos, retornavam a Roma para cuidar de negócios.

Nos primeiros anos do século V, quando Agostinho ainda era vivo e também como sinal de homenagem a ele, o ex-cônsul Anício Auquênio Basso mandou gravar sobre a lápide sepulcral uma inscrição composta de três dísticos elegíacos. A inscrição diz:

HIC POSUIT CINERES GENETRX CASTISSIMA PROLIS
AUGUSTINE TUI ALTERA LUX MERITI
QUI SERVANS PACIS COELESTIA IURA SACERDOS
COMMISSOS POPULOS MORIBUS INSTITUIS
GLORIA VOS MAIOR GESTORUM LAUDE CORONAT
VIRTUTUM MATER FELICIOR SUBOLIS

E pode ser assim traduzida:

Aqui foi sepultada a castíssima mãe
de um grande filho, ó Agostinho,
a segunda luz de teu mérito.
Como sacerdote, tu conservas
ao mesmo tempo os dons da paz celeste
e instruis nos costumes o povo a ti confiado.
Coroa-vos glória maior do que
o louvor merecido por vossas obras:
uma mãe que é feliz pelas virtudes
e muito mais feliz pelo filho.

Esses versos, antes que o túmulo caísse no esquecimento, foram transcritos por algum peregrino e se encontram em doze códices com datas a partir do século VIII. Notícia deste epitáfio já se encontra na *Hispana collectio* — chamada também "Coleção Isidoriana", porque erroneamente atribuída a Isidoro de Sevilha — que começou a formar-se no século V e que contém, na primeira parte, atas de concílios e, na segunda, decretos pontifícios.

Em 1946, o ilustre patrólogo agostiniano A. Casamassa encontrou um fragmento longitudinal da lápide sepulcral, contendo pouco mais de um terço da inscrição, que foi colocado numa capela lateral da Igreja de Santa Áurea em Óstia antiga.

Capítulo 15

PARA ALÉM DA MORTE

A vida e as virtudes de Mônica, ilustradas com o afeto e a suma arte de Agostinho, logo começaram a exercer um fascínio todo particular sobre os cristãos que liam as obras agostinianas. Não se tratava da costumeira santidade estereotipada da consagração a Deus na vida religiosa. Aqui havia uma mãe como tantas outras, que precisou enfrentar dificuldades frequentemente comuns a todas as mães: relacionamento difícil com o marido, ansiedade pelo futuro dos filhos... E ela se santificara sem sair do mundo, dando o exemplo de como o cristão deve viver a vida matrimonial, construindo para si uma justa escala de valores e atribuindo tudo ao Senhor. Era uma mãe que tinha dado à Igreja e à humanidade um dos maiores de seus filhos: Agostinho. Quantas mães gostariam de espelhar as suas vidas na dela! Quantos filhos gostariam de ter uma mãe como Mônica!

Apesar de tudo isso, um verdadeiro culto a Santa Mônica só começa a ser desenvolvido no século XII. Um certo Walter, cônego regular de Arrouaise, na França, afirmou ter providenciado a transladação das relíquias de Santa Mônica para o seu mosteiro em 1162. A notícia, certamente, é falsa, mas é justamente nessa data que se começa a celebrar a festa de Santa Mônica no dia 4 de maio, considerado a véspera do dia da conversão de Santo Agostinho.

Que as pretensões de Walter não foram levadas em consideração prova-o o fato de que todos continuaram convictos de que os despojos da santa encontravam-se na Igreja de Santa Áurea, aí transladados entre os séculos VI e VII para serem mais bem conservados. O Papa Martinho V viu tanto na morte de Santa Mônica como na sua sepultura em Óstia um desígnio providencial de Deus. Provavelmente, na África os seus restos mortais ter-se-iam perdido nas invasões dos vândalos.

O culto de Santa Mônica foi estendido à Igreja universal em 1430, ano da transladação das relíquias por obra de Martinho V. Desde 1430 a figura de Santa Mônica começa a entrar também nos altares. Particularmente digno de nota é o ciclo de afrescos que Benozzo Gozzoli dedicou a Santo Agostinho no coro da igreja a ele dedicada em San Gimignano. Tais pinturas, que foram feitas de 1463 a 1465, introduzem a figura de Santa Mônica em várias cenas.

Em 1430, o Papa Martinho V encarregou uma pequena comissão, nomeada por ele e presidida pelo bispo de Aleth, dos eremitas agostinianos, da busca dos restos mortais de Santa Mônica junto à Igreja de Santa Áurea, a fim de resgatá-los. Essa comissão, aconselhando-se também junto aos habitantes da localidade, que foram transmitindo as notícias de pai para filho, iniciou as escavações debaixo do altar de Santa Áurea.

Num primeiro momento, não encontraram no subsolo nada de relevante, mas depois notaram uma pequena abertura pela qual se podia entrar num subterrâneo mais profundo. Ali encontraram três túmulos de um lado e mais três do outro, todos trazendo os nomes inscritos. Os três túmulos do lado direito continham os restos mortais de três papas: Lino,

Félix e Antero. Os três do lado esquerdo eram de Constança, Áurea e Mônica. O relato, talvez condescendendo a expressões costumeiras, diz que os ossos de Mônica exalavam um suave perfume.

Os comissários fecharam as relíquias numa urna de madeira e as levaram para Roma, enquanto se formava, com o espalhar da notícia, uma grande afluência de pessoas. No dia seguinte, o pontífice deu ordens para trazer a Roma também o túmulo de mármore. A transladação das relíquias deu-se no Domingo de Ramos, 9 de abril de 1430, e dela temos uma notícia autêntica através das cartas *Pia caritas*, de Martinho V, a 27 de abril de 1430, e *Translationis ordo*, de Maffeo Vegio, um célebre estudioso da época.[1]

Por ocasião da transladação, atribui-se a Martinho V um famoso discurso, que o padre Casamassa[2] demonstra ser do agostiniano Andrea Biglia. Nesse discurso, além do elogio a Santa Mônica, considerada mãe não tanto do corpo, mas do espírito, narram-se vários milagres ocorridos no contato com suas veneráveis relíquias. São curas de crianças levadas pelas mães e de cegos que readquirira a visão, quase significando a missão terrena de Mônica, que leva o filho à cura e à recuperação da visão espiritual, missão que, agora, leva avante através de sua intercessão junto a Deus no Reino dos Céus.

As relíquias foram provisoriamente depositadas na Igreja de São Trifão. O cardeal beneditino Guglielmo d'Estouteville, bispo de Ruão (1403-1483), alguns anos

---

[1] Cf. CONCETTI, N. Circa corporis Sanctae Monicae translationem. *Analecta augustiniana* V (1913-1914) 229-234. *Analecta augustiniana* VI (1915-1916) 110-111.

[2] CASAMASSA, A. L'autore di un pretesto discorso di Martino V. In: *Miscellanea, Pio Paschini I*. Roma: Pontificia Università Lateranense, 1948. pp. 109-125. Id. Ritrovamento di parte dell'elogio di S. Monica. In: *Scritti patristici I*. Roma: Pontificia Università Lateranense, 1955. pp. 215-218.

depois da transladação, gastou suas riquezas na Igreja de Santo Agostinho para guardar dignamente os despojos de Santa Mônica. Agora repousam aí, sob o altar da capela a ela dedicada e decorada com afrescos de estilo maneirista, com histórias de Santa Mônica representada em vestes monacais. Para aí foram transladadas da precedente urna com a imagem de Mônica jacente, obra de Isaia da Pisa, do século XV. Sobre a urna, em 1566, foi colocada a seguinte inscrição:

> Ic. Xc.
> SEPULCHRUM . UBI . B . MONICAE . CORPUS
> APUD . OSTIA . TIBERINA . ANNIS . M. XL.
> IACUIT . OB . IN . EO . EDITA . IN . EIUS
> TRANSLATIONE . MIRACULA . EX
> OBSCURO . LOCO . IN . ILLUSTRIOREM .
> TRANSPONENDUM . FILII . PIENTISS
> CURARUNT . ANNO . SALUTIS
> M . D . LXVI

Que pode ser assim traduzida:

Jesus Cristo
Sepulcro no qual o corpo da bem-aventurada Mônica repousou em Óstia Tiberina por mil e quarenta anos.
Em virtude dos milagres que nele foram verificados durante sua transladação,
os devotíssimos filhos cuidaram
para que fosse transportado
de um lugar obscuro para outro mais à vista
no ano da salvação de 1566.

Debaixo dessa urna, há uma inscrição em latim que quer retomar as várias transladações do corpo de Santa Mônica até a atual, que é — como já foi dito — sob o altar da capela a ela dedicada na Igreja de Santo Agostinho, em Campo Marzio. Essa última transladação deu-se durante o pontificado de Clemente XIII, no dia 1º de agosto de 1760. O próprio altar foi consagrado pelo agostiniano Giuseppe Castellani, bispo de Porfireone, em 18 de dezembro de 1851.

A inscrição diz:

Corpus S. Monicae

In die dominico palmarum an . aer . christ MCCCCXXX . ex Ostiis Tiberinis Romam advectum . primum . in ecclesia S . Tryphonis depositum est . ob illustria miracula in eius asportatione patrata . solemnes deo gratiasagente concione ad populum habita Martino V . pont . max . deinde . in aede S. Augustini tantae matris filii translatum est . Callisto III . pontífice et in lignea arca . in ipso quo repertum fuerat marmoreo loculo reposita . conlocatum ad aram a Maffeio Vegio constructam an . s . MCCCCLV . IV. nonas maias . tertium . in eadem lignea arca e veteri sarcophago educta . parieti medio in elatiori altaris loco inclusum est . tumulo plastici operis superinstructo an. sal. MDLXVI . postremo . ab em.o s . r . e. cardinali urbis vicario Antonio Maria Erba Odescalcho recognitum . er in nova ac nobiliori arca reconditum consignatumque sub ara recens aedificata depositum est . pontificatus Clem. XIII . an . iii . reparatae salutis an . MDCCLX . kal. sextilibus

E pode ser assim traduzida:

O corpo de Santa Mônica, trazido de Óstia Tiberina no dia de Domingo de Ramos do ano de 1430 da era cristã, foi primeiramente deposto na Igreja de São Trifão, enquanto Martinho V, sumo pontífice, rendia, com um discurso dirigido ao povo, solenemente graças a Deus pelos singulares milagres ocorridos durante seu translado. Em seguida, durante o pontificado de Calisto III, foi transladado para a Igreja de Santo Agostinho, filho de tão grande mãe, e colocado junto ao altar construído por Maffeo Vegio, numa caixa de madeira recolocada no mesmo jazigo de mármore em que fora encontrado no dia 4 de maio do ano da salvação de 1455. Em terceiro lugar, na mesma caixa de madeira, retirada do precedente jazigo, foi colocado no centro da parede em posição mais elevada do que o altar, num jazigo de mármore posto no alto, no ano da salvação de 1566. Por fim, depois do reconhecimento feito pelo eminentíssimo cardeal Antonio Maria Erba Odescalchi, vigário de Roma, e após ter sido fechado e lacrado num ataúde mais precioso, foi depositado sob o altar edificado recentemente, no terceiro ano do pontificado de Clemente XIII, no dia 1º de agosto do ano da redenção de 1760.

Contudo devemos dizer que, com a descoberta por parte do padre Casamassa de um importante fragmento da lápide sepulcral com algumas palavras da inscrição de Auquênio Basso — ocorrida em 1947 e da qual já se falou no capítulo precedente —, surgiram questões tanto no que diz respeito à autenticidade do jazigo que se encontra na Igreja de Santo Agostinho, em Campo Marzio, como, consequentemente, também com relação às próprias relíquias.

Aos fiéis que de todas as partes do mundo vêm a Óstia à procura do jazigo de Santa Mônica, continua-se a dizer que ele se encontra na Igreja de Santo Agostinho. Mas, se um fragmento do jazigo da santa ainda estava sob a Igreja de Santa Áurea, de quem era o sepulcro transladado no tempo de Martinho V? Depois de ter examinado atentamente toda a questão, penso poder resumir em poucas palavras a hipótese de solução que me parece mais provável.

A comissão nomeada pelo papa não deve ter procedido a todas as verificações do caso. Talvez o sepulcro de Santa Mônica já houvesse sido destruído, permanecendo apenas fragmentos. Por essa razão, na urgência de reconhecer qual dos diferentes sepulcros presentes era o da nossa santa, teriam incorrido na troca de túmulos. Pelos antigos testemunhos e na ausência de um reconhecimento recente — o último foi feito, com os instrumentos limitados do tempo, pelo cardeal vigário Antonio Odescalchi em 1760 —, os ossos daquele sepulcro seriam os ossos de uma jovenzinha, portanto não pertenceriam a Mônica, falecida com 56 anos. Com toda a probabilidade, tratar-se-ia de uma santa, talvez uma mártir, anterior a Mônica, dado que fora depositada no lugar sagrado sobre o qual se ergueram diversos sucessivos lugares de culto até a atual basílica e onde, como vimos, estavam também outras sepulturas de santos.

E os ossos de Santa Mônica? Deveriam estar até hoje sob a Basílica de Santa Áurea, porém já dispersos na terra, uma vez que não mais se encontrou seu túmulo conservado, mas somente um fragmento indubitavelmente autêntico. Seja o que for que resulte dessa possível reconstrução, o culto não depende, por certo, das relíquias, mas se exprime sobretudo através da oração e do empenho de imitação.

O culto a Santa Mônica foi crescendo na devoção do povo cristão. Dignas de menção são as associações das "mães cristãs", surgidas sob a proteção de Santa Mônica e que se propõem a imitar os seus exemplos.

Quanto à festa litúrgica, no *Martirológio romano* comemora-se apenas a transladação no dia 9 de abril. No novo calendário litúrgico, preparado pelo Concílio Ecumênico Vaticano II, não se leva mais em conta a comemoração particular do dia 4 de maio — data da transladação do corpo para o jazigo na parede em 1566 —, mas a festa de Santa Mônica, com o grau de memória obrigatória para todas as dioceses do mundo, foi levada para o dia 27 de agosto, o dia anterior à festa de Santo Agostinho, falecido em Hipona em 28 de agosto de 430.

Dessa maneira, Santa Mônica sai de uma veneração particular e é proposta como modelo para todo o Povo de Deus. A proximidade das duas celebrações — de Santa Mônica e de Santo Agostinho — quer unir, na lembrança dos fiéis e na glorificação, aquelas duas vidas que foram tão unidas sobre a terra.

Capítulo 16

A ATUALIDADE DE MÔNICA COMO MODELO DE VIDA FAMILIAR

A razão pela qual a Igreja canoniza, isto é, declara santos alguns de seus membros, não é tanto aquela de assegurar-nos de que eles estão na glória de Deus e, portanto, podem interceder por nós, mas o de propor-nos modelos a imitar.

De fato, também as almas dos mortos que estão no tempo intermediário, no estado de purificação para além da morte, são santas, ou seja, participam da vida divina e estão em amizade com Deus, que lhes consente interceder em nosso favor.

Na canonização, pelo contrário, a Igreja toma do seu "álbum de família", que abrange toda a sua história, figuras exemplares que praticaram a virtude em "grau heróico", para indicá-las a todos como exemplos a seguir nas escolhas da vida e nos comportamentos cotidianos.

Na imaginação coletiva dos cristãos, por muito tempo, a santidade esteve ligada a particulares condições de vida, caracterizadas pela especial consagração a Deus, como se o matrimônio e a vida terrestre, com todos os seus perigos, excluíssem praticamente a possibilidade de exemplaridade e o exercício heróico da virtude. Também nas ladainhas dos santos são citadas, além naturalmente dos mártires — que eram os únicos a receber culto nos primeiríssimos séculos

—, as diferentes categorias de bispos, monges, virgens ou, no máximo, das viúvas.

Depois do período dos mártires, raríssimas exceções foram feitas para reis e rainhas, que, de alguma maneira, com a morte do cônjuge, adotaram uma forma qualquer de consagração a Deus através dos votos. Por isso, trata-se de pessoas que não são indicadas como modelo de santidade por sua vida no matrimônio e no mundo, mas porque, apesar de seu estado secular ser considerado um impedimento, conseguiram atingir, através do martírio ou da penitência, uma forma de santidade canonizável.

O povo cristão, embora admirando, como é justo, essas figuras ilustres da história da Igreja, sente-as de algum modo distantes da vida real. Por isso elas permanecem pessoas a ser honradas e às quais se dirigir para obter graças particulares, mas dificilmente se consegue considerar os acontecimentos históricos de suas vidas e seus testemunhos de fé como algo que se pode imitar concretamente no cotidiano do Povo de Deus.

A Igreja dos nossos dias, através da obra do Papa João Paulo II, se propôs a preencher o abismo que se criou entre certo tipo tradicional de santidade e a massa dos fiéis. Quase todos os domingos, na praça de São Pedro e em quase todas as suas viagens apostólicas, o papa elevou às honras dos altares um ou mais santos e beatos, que foram inscritos no calendário litúrgico. Nenhum papa em toda a história da Igreja canonizou um número tão grande de figuras exemplares para a cristandade. Ou melhor: não nos afastamos muito da verdade ao dizer que esse papa, sozinho, proclamou mais santos e beatos de quanto o fizeram todos os papas juntos dos dois últimos séculos, seguindo a rigorosa práxis prevista por Urbano VIII[1] para as causas de beatificação e canonização.

João Paulo II pretendeu, assim, mostrar à Igreja e ao mundo que o Espírito Santo produz numerosos frutos de multiforme santidade que refulge em todos os tempos, em todos os lugares e em todas as vocações, como prova do caráter sobrenatural da Igreja e da possibilidade, em qualquer situação e em qualquer condição de vida, de praticar a virtude em grau heróico. Entre todas essas canonizações, aquelas que suscitaram mais interesse e foram acolhidas com maior gratidão pelo Povo de Deus foram as ligadas a pessoas que desenvolveram uma profissão e viveram normalmente numa dimensão de matrimônio e família. Dentre elas, recordamos particularmente o médico napolitano Giuseppe Moscati, a esposa e mãe de família Gianna Beretta Molla e, sobretudo, o casal Luigi e Maria Beltrame Quattrocchi.

Na verdade, o povo comum tem necessidade de figuras com as quais possa identificar-se e comparar os próprios problemas do dia-a-dia, a fim de enfrentá-los de uma maneira cristã e resolvê-los à luz da fé, como souberam fazer outras pessoas que se encontraram nas mesmas situações.

Uma forma de santidade "moderna", se assim podemos expressar-nos, é justamente a que se manifesta na família e numa profissão secular.

Nesse sentido, podemos falar da modernidade de Santa Mônica. Embora tenha vivido há quase 17 séculos, sentimo-la, como nunca antes, próxima de nós porque compartilhou as nossas mesmas dificuldades e problemas, sobretudo de tipo familiar.

---

[1] Constituição *Coelestis Jerusalem*, de 7 de julho de 1634.

A família, hoje, tem necessidade de modelos. Vivemos tempos de crise da família com a adoção de modelos comportamentais inspirados em critérios, sem dúvida, não-evangélicos, mas preponderantemente hedonistas, materialistas, egoístas: casamentos temporários, uniões de fato, convivências homossexuais, instrumentalização da geração dos filhos e do seu porvir para as próprias exigências e próprio prazer... Diante dessa situação, uma reação com base em insistentes lamentações se torna não só maçante, mas sobretudo ineficaz.

Os cristãos, conscientes de estar num estado de diáspora, como diz muito bem o autor da *Carta a Diogneto*,[2] desempenham no mundo a mesma função que a alma exerce no corpo: não se entregam, por isso, a lamúrias estéreis e não se deixam levar por catastrofismos, mas tornam-se modelos de proposta com seus exemplos de vida; adotam, em tudo aquilo que não é contrário ao Evangelho, os costumes da população a que pertencem, mas não compartilham em nada do que se dirige contra a natureza e a dignidade do ser humano.

Nesse sentido, vale muito mais o testemunho de uma família que vive na alegria proveniente do amor, da doação recíproca e da fidelidade, do que mil discursos que acabam, inevitavelmente, colocados no mesmo nível das tantas palavras e mensagens com as quais as pessoas são bombardeadas todos os dias.

A resposta para muitos problemas que afligem a família na nossa sociedade não se encontra certamente naquilo que os meios de comunicação de massa oferecem todos os dias: exemplos de personagens célebres que passam de um casa-

---

[2] *Ad Diognetum*, cap. V-VI. BUENO, Ruiz (Ed.). *Padres apostolicos*. Madrid: BAC, 1965. pp. 850-852.

mento para outro, como se se tratasse de uma brincadeira; histórias de adultérios e de paixões sem nenhuma referência moral; litígios familiares que se degeneram em homicídios e suicídios; episódios de filhos que, carentes de afeto e de formação, se entregam à toxicodependência, chegando, às vezes, até a matar os pais etc. Sente-se a necessidade de alguma coisa diferente, de alguém que pronuncie uma palavra de confiança e de esperança, uma palavra dita não com a boca, mas com a vida. "O ser humano contemporâneo" — diz, de fato, Paulo VI — "escuta com melhor boa vontade as testemunhas do que os mestres".[3]

A história da vida de Mônica revela-se muito atual, pois está próxima dos problemas dos nossos dias. Também ela precisou defrontar-se com um marido libertino, briguento e infiel; com um filho que se dava a desregramentos morais e às experiências mais estranhas, frequentando também as seitas. Pois bem, Mônica é uma testemunha para o nosso tempo na medida em que não fugiu das suas responsabilidades. De um lado, não se fechou na torre de marfim da sua fé e da sua religiosidade, ignorando o lado concreto da vida; de outro, não perdeu a sua identidade cristã, mesmo se imergindo totalmente nas situações ambíguas de sua família.

Fez-se como a luz, que permanece luz ainda que penetrando nas trevas, e como o sal, que não se torna insípido misturando-se na comida. No fundo, é essa a missão do cristão, como Jesus demonstra no Evangelho.[4] Mônica é também, para as famílias de hoje, um exemplo luminoso que infunde coragem e esperança, dando garantia de que, com a

---

[3] *Evangelium nuntiandi*, 8 de dezembro de 1975, n. 41. *AAS* 68 (1976) 5-76. Cf. *Sermo habitus ad sodales "Consilii de Laicis"*, 2 de outubro de 1974. *AAS* 66 (1974) 568.

[4] Mt 5,13-16.

graça de Deus, a boa vontade e a constância, pode-se superar toda dificuldade para alcançar a vitória e construir uma verdadeira família cristã, fundada sobre os valores evangélicos.

Desde o início do seu casamento até praticamente um ano antes da morte de Patrício, Mônica teve muito trabalho com um marido pagão. As dificuldades de convivência, já grandes em virtude do particular caráter do esposo, agravavam-se pelo fato de não partilharem a mesma fé e, portanto, de não terem a mesma visão de mundo, do sentido das coisas e da vida. É a situação que, não raramente, se encontra nos matrimônios de hoje, numa sociedade multiétnica, multicultural e multirreligiosa.

O cristão que, por diversas razões, fez a opção por um casamento misto, com uma pessoa de outra fé, ou, ainda, mais frequentemente, com uma pessoa agnóstica ou indiferente, nem por isso deve perder a confiança numa vida matrimonial feita de real partilha de tudo aquilo que está no coração e que se julga importante.

Como Mônica — que com o respeito, a paciência e, sobretudo, com o exemplo da felicidade e da força interior que lhe vinha da fé, acabou por induzir Patrício a interrogar-se sobre o verdadeiro sentido da vida e a dar o grande passo da conversão e do Batismo — também nas circunstâncias atuais é possível, por parte de quem compartilha a vida matrimonial com pessoas de fé e orientação diferentes, não perder a própria identidade e continuar a nutrir-se da Palavra de Deus e dos sacramentos para dar todos os dias o testemunho de serenidade e alegria ao cônjuge e à família inteira.

Mônica amou ternamente seu esposo, apesar dos seus numerosos e graves defeitos. O seu segredo era pensar de modo positivo: soube ver e apreciar nele todas as boas qualidades, soube extrair dele o melhor que poderia dar. Essa postura não era uma coisa natural, mas fruto de vigilância e de empenho cotidiano. Quantas vezes precisou refrear-se para não dar curso ao seu natural ressentimento diante das injustificadas descomposturas e cólera de Patrício e — coisa bem mais grave — diante das suas infidelidades conjugais! De quanta paciência e visão precisou armar-se para que a vida familiar não se tornasse um inferno! Mas, no fim, triunfou.

Como diz São Paulo,[5] não se deixou vencer pelo mal, mas venceu o mal com o bem. Tinha compreendido que responder à ofensa com ofensa não era demonstração de força, mas de fraqueza. Imitando a cruz de Cristo, respondeu às afrontas que recebia com o perdão. Mas era um perdão verdadeiro, manifestação de amor e não de preguiça ou aquiescência ao mal. Perdoar, de fato, não significa aprovar o mal cometido, mas, como fez Jesus com o servo do sumo sacerdote que injustamente o esbofeteara durante sua Paixão,[6] significa, nos momentos oportunos, com paciência e doçura, levar a perceber o mal, para que quem o cometeu se dê conta dele, converta-se e o repare.

O perdão autêntico provém do amor, e amar significa querer o bem do outro, e querer o bem do outro não significa deixar que continue a fazer o mal e, assim, se perca, mas rezar por ele e ajudá-lo a mudar de vida.

É isso exatamente o que fez Santa Mônica com o marido, dando um exemplo de santidade matrimonial a quantos, também hoje, estão às voltas com as dificuldades cotidianas de relacionamento com o cônjuge, que pode tornar-se fonte

---

[5] Rm 12,21.
[6] Jo 18,22-23.

de amarguras e sofrimentos quando vivido sob a insígnia do egoísmo e da busca do próprio interesse. Mas, ao mesmo tempo, pode ser, segundo o plano de Deus, sustento, conforto e alegria, quando nutrido de amor verdadeiro, isto é, de doação, atenção e solicitude para a felicidade do outro, que se dilui na plena realização e satisfação.

Também no relacionamento com os filhos, que, como fruto do amor recíproco do casal, vêm constituir a família, Santa Mônica é um modelo para as famílias de hoje. Ela, com a postura que deve distinguir o cristão, viu nos filhos um dom de Deus e não uma propriedade dos pais. Colocou-se a serviço deles, estudando-lhes a índole para descobrir o projeto que Deus idealizara para cada um deles e, assim, poder ajudá-los a realizar a própria vida da melhor maneira possível. De fato, cada filho é portador de um pensamento de Deus, é uma pessoa absolutamente única e irrepetível, que não tem nada a ver com o nosso hábito de fazer as coisas em série, de nivelar, de massificar.

Mônica não antepôs — como provavelmente faria Patrício com relação a Agostinho, sonhando-o à sua própria imagem e semelhança — os próprios projetos aos de Deus. Colocou-se, pelo contrário, no ângulo visual da salvação, ajudando, com o conselho, o encorajamento e, sobretudo, com a oração, cada um dos filhos a seguir o caminho da verdade e do bem. Dessa maneira, todos eles valorizaram os talentos recebidos do Senhor e realizaram o desígnio de Deus: Perpétua, tornando-se abadessa do seu mosteiro; Navígio, formando uma família cristã serena e exemplar; e Agostinho, sobretudo, tornando-se um altíssimo farol para a Igreja e para o mundo, não só no seu tempo, mas também para os séculos futuros.

Todas as mães se dedicam de modo particular àquele filho que tem mais necessidade dela, sem com isso subtrair nada aos outros. Também Mônica, vendo que Perpétua e Navígio, em virtude de suas índoles mais tranquilas, tinham menos necessidade de seus cuidados, concentrou a sua atenção e o seu empenho em Agostinho, que, embora sobressaindo-se por seus dotes intelectuais, surgia como a ovelha negra da família por causa do seu desregramento.

Muitas mães vivem com ansiedade e temor o seu relacionamento com os filhos difíceis, que mostram atitudes fora da normalidade. Combatem com todas as suas forças, mas às vezes caem na depressão e no desespero, não conseguindo conduzir e lidar com situações de contínua tensão e vendo fracassar todos os seus esforços. Santa Mônica foi forte e tenaz ao seguir o filho Agostinho em todas as suas vicissitudes: na busca contínua que o levava a abraçar sucessivamente as doutrinas mais excêntricas, a ponto de acabar até mesmo no engano das seitas, como a maniqueísta, e, sobretudo, quando deixou para trás qualquer regra moral.

Santa Mônica chorou por essa situação, mas jamais se deu por vencida. Rezou ao Senhor, apelou para todas as suas possibilidades de mente e coração, adotou uma postura, segundo o que pediam as circunstâncias, ora de extrema firmeza — como quando pôs o filho para fora de casa —, ora de conciliação e ternura. Também pediu ajuda a muitas pessoas, desde o bispo de Madaura, Agripino, até o bispo de Milão, Ambrósio. Para seguir o filho, apesar de sua condição de viúva e da idade que ia avançando, não se importou com os incômodos, enfrentando uma viagem cheia de dificuldades e perigos, como a que a levou da África para Roma e, depois, para Milão.

A oração, a confiança em Deus e o empenho concreto fizeram-na vencedora nesta batalha, certamente superior às suas forças, mas levada avante com a energia indomável que vem só do Senhor. A sua luta, os seus sofrimentos e as suas lágrimas foram recompensadas para além de qualquer possível desejo através da plena conversão do filho, a ponto de poder fechar os olhos à vida terrena dizendo:

> Havia um único motivo pelo qual desejava permanecer ainda um pouco nesta vida: ver-te cristão e católico antes de morrer. O Senhor me concedeu isso com superabundância, a ponto de que tu, desprezando mesmo toda a felicidade terrena, te tornaste seu servo. Que faço aqui?[7]

O exemplo de Santa Mônica pode servir de conforto a muitas mães que vivem situações semelhantes, as quais, embora diferentes nas modalidades — no tempo da santa, por exemplo, não havia a toxicodependência —, são contudo iguais na essência, pelas preocupações que geram e as dificuldades para superá-las. Observar como ela reagiu e, sobretudo, como ela chegou ao melhor resultado que se podia esperar serve para proteger-se do desânimo e para infundir confiança em quem se encontra envolvido em circunstâncias parecidas.

Considerando a forma como Santa Mônica viveu a sua vocação de esposa e mãe e como, não obstante as numerosas e graves dificuldades que encontrou, conseguiu construir uma família verdadeiramente cristã, podemos dizer, com toda a justiça, que merece ser indicada como a santa da família — não só da família de um determinado tempo, mas da família de todos os tempos e de hoje, com todos os seus problemas.

---

[7] *Conf.* IX, 10, 26.

Como conclusão do itinerário que nos levou a perscrutar sua vida, não só nos comportamentos objetivos, mas também no mais íntimo do seu espírito, nos seus desejos e nas suas ânsias, nas suas alegrias e nas suas dificuldades, a sua figura nos aparece tão humana e próxima de nós, de nossa vida de cada dia, como nunca. Nela temos sempre à disposição um exemplo a imitar e também uma proteção a pedir através de sua força de intercessão junto a Deus.

Justamente por causa de sua proximidade, de sua aderência aos problemas das famílias de hoje, pela sua modernidade e profunda humanidade, permitimo-nos formular o desejo de que seja proclamada pela Igreja não só protetora das mães cristãs — como já ocorreu no passado —, mas da própria família, que pode encontrar nela um modelo de comportamento que não exala "milagrismo", mas a simplicidade e empenho cotidiano.

ÍNDICE DOS TRECHOS DAS OBRAS AGOSTINIANAS COM REFERÊNCIAS A SANTA MÔNICA CITADOS NO TEXTO

Confessiones:
I, 9, 14, *54*
I, 11, 17, *50, 52*
I, 11, 18, *53*
II, 3, 7, *56*
II, 3, 8, *56*
III, 4, 8, *51*
III, 11, 19, *58*
III, 11, 20, *61*
III, 12, 21, *63*
V, 8, 15, *68*
V, 9, 16, *49, 70*
V, 9, 17, *46, 70*
VI, 1, 1, *73*
VI, 2, 2, *85*
VI, 5, 7-8, *52*
VI, 6, 9, *89*
VI, 15, 25, *90, 92*
VI, 16, 26, *52*
VIII, 8, 19, *96*
VIII, 12, 28-30, *97*
IX, 6, 14, *126*
IX, 8, 17, *19*
IX, 8, 18, *23*
IX, 9, 19, *31*
IX, 9, 21, *38*
IX, 9, 22, *49*
IX, 10, 23-25, *129*
IX, 10, 26, *131, 162*
IX, 11, 27, *134*
IX, 11, 28, *11, 26, 135*
IX, 12, 29-33, *135*
IX, 12, 33, *139*
IX, 13, 34-37, *135, 141*

Contra Academicos:
2, 2, 5, *52*

De beata vita:
1, 6, *39*
2, 8, *110*
2, 9, *110*
2, 10, *111*
2, 16, *112*
3, 21, *113*
4, 27, *113*
4, 35, *114*

De cura pro mortuis gerenda:
16, *142*

De dono perseverantiae:
20, 53, *98*

De ordine:
I, 8, 22-23, *105*
II, 1, 1, *114*
II, 8, 22-23, *117*
II, 20, 52, *97*

Epistolae:
36, 14-32, *86*
211, 4, *40*

ÍNDICE ONOMÁSTICO

A

Adeodato, *58, 59, 61, 75, 90, 91, 92, 103, 108, 111, 112, 122, 123, 126, 133, 137*
Agripino, *14, 161*
Albino, *11*
Alípio, *62, 93, 95, 96, 102, 122, 123*
Ambrósio, *40, 44, 51, 75, 76, 77, 78, 79, 80, 81, 82, 83, 84, 85, 86, 87, 89, 94, 114, 122, 123, 124, 125, 161*
Antão, *95*
Antero, *147*
Antígono, *62, 63*
Apuleio, *12*
Arcesilau, *71*
Arnóbio, *15*
Áurea, *147*
Auxêncio, *76, 82*

B

Basílio, *44*
Basso, A. A., *143, 150*
Beltrame Quattrocchi, *155*
Beretta Molla, G., *155*
Biglia, A., *147*
Blesila, *69*
Bougaud, E. H., *8, 9*

C

Calisto III, *150*
Carneades, *71*
Casamassa, A., *11, 144, 147, 150*
Castellani, G. M., *149*

Catarina de Sena, *119*
Ceciliano, *15*
Cícero, *51, 111*
Cipriano, *14, 15, 50, 68*
Cirilo, *51*
Citino, *12*
Clemente XIII, *149, 150*
Cômodo, *13*
Concetti, N., *8*
Constança, *147*
Constantino, *16, 44*

D

Dâmaso, *69, 78*
Décio, *14, 15*
Delastre, L. A., *9*
Deogratias, *51*
Donata, *12*
Donato, *14, 15, 16*
Dore, M. G., *9*

E

Elpídio, *71*
Epicuro, *52*
Eramo, A., *8*
Esperato, *12*
Eusébio, *77*
Eustóquia, *69*
Evódio, *138*

F

Fabiano, *77*
Fabíola, *69*
Faconda, *19*
Fausto, *67*

Félix, *147*
Fido, *50*
Filogônio, *77*
Francisco de Sales, *8*

G

Gervásio, *87*
Gozzoli, B., *146*
Graciano, *78*, *82*
Gregório Nazianzeno, *44*
Gualandi, A., *9*
Guglielmo d'Estouteville, *147*

I

Isaia da Pisa, *148*
Isidoro de Sevilha, *144*

J

Jerônimo, *69*
João Crisóstomo, *25*, *44*, *51*
João Paulo II, *154*, *155*
Jugurta, *11*
Juliano Apóstata, *94*
Justina, *78*, *82*

L

Lactâncio, *15*
Lastidiano, *103*, *111*
Leuval, J., *17*
Libério, *76*
Licêncio, *46*, *103*, *105*, *111*, *112*
Lino, *146*
Lucitas, *13*

M

Majorino, *15*
Mani, *59*, *67*, *70*
Marcela, *69*
Marcelina, *76*

Mário, *11*
Martinho V, *146*, *147*, *150*, *151*
Máximo, *125*
Máximo de Madaura, *13*
Mensúrio, *15*
Mercurino, *82*
Metelo, *11*
Miggin, *13*
Moscati, G., *155*

N

Narzal, *12*
Navígio, *40*, *41*, *45*, *103*, *109*, *112*, *126*, *133*, *160*, *161*
Nebrídio, *93*, *102*
Nemphamo, *13*
Netário, *77*

O

Odescalchi, A., *150*, *151*

P

Patrício, *25*, *26*, *27*, *29*, *30*, *33*, *34*, *35*, *36*, *37*, *39*, *43*, *44*, *45*, *46*, *54*, *55*, *57*, *58*, *98*, *99*, *104*, *134*, *141*, *158*, *159*, *160*
Patrício, subdiácono, *40*
Paula, *69*
Paulo VI, *157*
Perpétua, *40*, *41*, *45*, *160*, *161*
Perpétua e Felicidade, *14*
Pio XII, *127*
Platão, *107*
Plotino, *94*
Ponticiano, *95*
Porfírio, *94*
Possídio, *29*, *40*, *41*
Probo, S. P., *76*
Procópio, *11*
Protásio, *87*

R

Romaniano, *30*, *46*, *57*, *60*, *93*, *103*
Rufino, V., *76*
Rústico, *103*

S

Saname, *13*
Sátiro, *76*
Saturnino, V., *12*
Scheffer, A., *128*
Segunda, *12*
Setímio Severo, *14*
Símaco, A., *71*, *78*, *79*
Simpliciano, *77*, *94*
Sirício, *78*

T

Teodoro, M., *115*
Teodósio, *82*
Terêncio, *12*
Teresa de Lisieux, *119*
Tertuliano, *13*, *14*, *27*, *28*, *50*
Trapè, A., *8*
Trigésio, *103*, *109*, *110*, *111*, *112*

U

Urbano VIII, *155*

V

Valentiniano I, *71*, *78*, *82*
Valeriano, *14*, *15*
Vegio, M., *147*, *149*, *150*
Verecundo, *101*, *102*, *103*
Vestina, *12*
Vitorino, M., *94*

W

Walter d'Arrouaise, *145, 146*

SUMÁRIO

Prefácio 5
Introdução 7
Capítulo 1 – Tagaste, na Numídia 11
Capítulo 2 – A menina virtuosa 19
Capítulo 3 – O casamento com Patrício 25
Capítulo 4 – Esposa e mãe cristã 33
Capítulo 5 – A piedosa viúva 43
Capítulo 6 – O filho de tantas lágrimas 49
Capítulo 7 – Nos passos de Agostinho 65
Capítulo 8 – Em contato com Ambrósio de Milão 75
Capítulo 9 – Rumo à conversão de Agostinho 89
Capítulo 10 – A chácara de Cassicíaco 101
Capítulo 11 – Mônica filósofa 107
Capítulo 12 – O pleno triunfo 121
Capítulo 13 – Óstia Tiberina 125
Capítulo 14 – A morte e a sepultura 133
Capítulo 15 – Para além da morte 145
Capítulo 16 – A atualidade de Mônica como
  modelo de vida familiar 153
Índice dos trechos das obras agostinianas
  com referências a Santa Mônica citados no texto ... 164
Índice onomástico 165